elementos do direito penal

O selo DIALÓGICA da Editora InterSaberes faz referência às publicações que privilegiam uma linguagem na qual o autor dialoga com o leitor por meio de recursos textuais e visuais, o que torna o conteúdo muito mais dinâmico. São livros que criam um ambiente de interação com o leitor – seu universo cultural, social e de elaboração de conhecimentos –, possibilitando um real processo de interlocução para que a comunicação se efetive.

elementos do direito penal

Débora Cristina Veneral
Elizete Aparecida Borges Ferreira

EDITORA intersaberes

Rua Clara Vendramin, 58
Mossunguê . CEP 81200-170
Curitiba . PR . Brasil
Fone: (41) 2106-4170
www.intersaberes.com
editora@editoraintersaberes.com.br

- Conselho editorial
  Dr. Ivo José Both (presidente)
  Dr.ª Elena Godoy
  Dr. Neri dos Santos
  Dr. Ulf Gregor Baranow

- Editora-chefe
  Lindsay Azambuja

- Gerente editorial
  Ariadne Nunes Wenger

- Analista editorial
  Ariel Martins

- Preparação de originais
  Fábia Mariela De Biasi

- Edição de texto
  Fábia Mariela De Biasi

- Projeto gráfico
  Raphael Bernadelli

- Capa
  Luana Machado Amaro (*design*)
  JJFarq/Shutterstock (imagem)

- Diagramação
  Muse Design

- Equipe de *design*
  Luana Machado Amaro
  Sílvio Gabriel Spannenberg

- Iconografia
  Regina Claudia Cruz Prestes

Dados Internacionais de Catalogação na Publicação (CIP)
(Câmara Brasileira do Livro, SP, Brasil)

Veneral, Débora Cristina
  Elementos do direito penal/Débora Cristina
Veneral, Elizete Aparecida Borges Ferreira. Curitiba:
InterSaberes, 2020.

  Bibliografia
  ISBN 978-85-227-0302-9

  1. Direito penal 2. Direito penal – Brasil 3. Segurança privada I. Ferreira, Elizete Aparecida Borges. II. Título.

20-32712   CDU-343

Índices para catálogo sistemático:
1. Direito penal   343

Maria Alice Ferreira – Bibliotecária – CRB-8/7964

EDITORA AFILIADA

1ª edição, 2020.

Foi feito o depósito legal.

Informamos que é de inteira responsabilidade das autoras a emissão de conceitos.

Nenhuma parte desta publicação poderá ser reproduzida por qualquer meio ou forma sem a prévia autorização da Editora InterSaberes.

A violação dos direitos autorais é crime estabelecido na Lei n. 9.610/1998 e punido pelo art. 184 do Código Penal.

apresentação 13

como aproveitar ao máximo este livro 17

Capítulo 1 **Premissas básicas do direito penal - 21**

1.1 Conceito de direito penal - 22
1.2 Função do direito penal - 22
1.3 Bens jurídicos - 23
1.4 Relação entre direito penal e direito constitucional - 24
1.5 Direito penal objetivo e subjetivo - 25
1.6 Fontes do direito penal - 25
1.7 Princípios do direito penal - 28

Capítulo 2 **A lei penal e sua aplicação - 47**

2.1 Classificação da lei penal - 48
2.2 Características da lei penal - 49
2.3 Lei penal em branco - 50
2.4 Interpretação da lei penal - 52

sumário

- 2.5 Analogia - 53
- 2.6 Lei penal no tempo - 54
- 2.7 Lei penal no espaço - 66
- 2.8 Eficácia de sentença estrangeira - 77
- 2.9 Contagem de prazo - 78
- 2.10 Frações não computáveis de pena - 78
- 2.11 Aplicação subsidiária do Código Penal - 79

Capítulo 3 — Teoria geral do crime - 83

- 3.1 Conceito de crime - 84
- 3.2 Classificação doutrinária de crimes - 86
- 3.3 Sujeitos do crime - 92
- 3.4 Objeto do crime - 95
- 3.5 Fato típico - 96
- 3.6 Ilicitude - 130
- 3.7 Culpabilidade - 145
- 3.8 Concurso de pessoas - 163

Capítulo 4 — Fases da prática da infração penal - 179

- 4.1 *Iter criminis - 180*
- 4.2 Crime consumado - 182
- 4.3 Crime tentado (*conatus*) - 183
- 4.4 Desistência voluntária e arrependimento eficaz - 188
- 4.5 Arrependimento posterior - 190
- 4.6 Crime impossível (tentativa inidônea/ quase crime) - 191

Capítulo 5 **Pena - 199**

5.1 Considerações iniciais - 200
5.2 Penas privativas de liberdade - 204
5.3 Penas restritivas de direitos - 211
5.4 Pena de multa - 215
5.5 Aplicação da pena - 218
5.6 Suspensão condicional da pena (*sursis*) - 223
5.7 Livramento condicional - 227
5.8 Concurso de crimes - 232
5.9 Medidas de segurança - 240
5.10 Efeitos da condenação - 243
5.11 Reabilitação - 245
5.12 Ação penal - 247
5.13 Extinção da punibilidade - 253

consultando a legislação 273

considerações finais 279

referências 281

respostas 287

sobre as autoras 291

Dedico esta obra aos meus pais, in memorian, Pedro e Zaira, que foram e continuarão sendo, para sempre, o alicerce da minha vida e a rocha que me sustenta por meio dos princípios e dos valores incalculáveis que cravaram em minha alma durante nosso convívio. Gratidão eterna!

Débora Veneral

Dedico esta obra ao meu pai, in memorian, Abrão, e à minha mãe, Terezinha, que me ensinaram a importância do amor na busca de nossos sonhos, bem como o quanto Deus é importante em nossas conquistas. Amo vocês eternamente!

Elizete Aparecida Borges Ferreira

Agradeço, primeiramente, a Deus, por me propiciar todos os dias o ar que respiro e manter-me firme diante dos obstáculos que geram o contínuo aprendizado.

Agradeço a oportunidade de compartilhar esta obra com minha amiga e irmã, escolhida nesta vida terrena, Elizete Aparecida Borges Ferreira, que acompanhou minha trajetória e conhece, desmedidamente, os percalços que enfrentamos individual ou conjuntamente, cada uma em busca da realização de seus sonhos.

Também agradeço ao Centro Universitário Internacional Uninter, em especial, ao Chanceler Professor Wilson Picler, pelas incontáveis oportunidades de crescimento pessoal e profissional na vida acadêmica.

Por fim, meus agradecimentos à equipe da Editora InterSaberes, na pessoa da Editora-chefe Lindsay Azambuja, que, de modo muito peculiar e profissional, apoia e orienta seus autores para obtenção do melhor resultado editorial.

Débora Veneral

Com certeza a Deus eu devo este momento especial que vivo ao escrever esta obra, Dele vem toda minha força na trajetória desta vida.

Agradeço ao meu companheiro de toda vida, meu amado Luciano, que me incentiva e me apoia nas dificuldades, sendo a sustentação da realização de todos os meus sonhos, entre eles escrever esta obra.

Aos meus filhos amados, João Luiz e Nathália, para os quais me reinvento todos os dias, amando-os cada vez mais, agradeço a força que transmitem ao acreditarem em mim.

À minha irmã de coração, Débora Veneral, que me acompanha há muitos anos e que eu admiro por seu imenso conhecimento, sou eternamente grata por me proporcionar a experiência de mais este novo desafio.

Finalmente, agradeço à Editora InterSaberes pela oportunidade da experiência em escrever uma obra capitaneada por uma equipe de excelência, que traz segurança ao nosso trabalho.

Elizete Aparecida Borges Ferreira

Nos dias atuais, considerando a diversidade de cursos de graduação, de atualização, de capacitação, entre outras formações que contemplam disciplinas sobre noções gerais de direito, incluindo o direito penal, faz-se necessária a disponibilização de conteúdo em linguagem clara e objetiva, ou seja, acessível e de fácil compreensão, sobretudo àqueles que não têm relação cotidiana com o vocabulário jurídico.

Diante desse cenário, a presente obra foi pensada especialmente como um manual didático para o leitor que precisa compreender os conceitos fundamentais do direito penal e aplicá-los em outras áreas do direito, da sociologia, da segurança pública, da administração pública, bem como nas áreas que se relacionam com a gestão do Estado sobre os comportamentos sociais.

Também se destina àqueles que estudam para concursos públicos que incluem no respectivo programa a disciplina de Direito Penal em seus aspectos menos profundos, envolvendo apenas conceitos básicos, em regra denominada *Noções de Direito Penal*.

O livro está dividido em seis capítulos, organizados de modo a facilitar ao leitor a exata compreensão do conteúdo que será aqui abordado. No Capítulo 1, analisamos as premissas básicas do direito penal, tais como seu conceito e sua função. Tratamos também das fontes e dos princípios inerentes à matéria, tendo em vista que o estudo da principiologia é imprescindível para o entendimento do direito penal.

No Capítulo 2, cuidamos especificamente das características da lei penal, destacando a lei penal em branco, a interpretação e a analogia, além de sua aplicação no tempo e no espaço.

Na sequência, no Capítulo 3, discutimos a teoria geral do crime, evidenciando especificamente o conceito de crime, bem como os sujeitos e os objetos do crime. Enfatizamos a questão da tipicidade penal, a fim de que o leitor aprenda a identificar as condutas que podem ser enquadradas como crimes, bem como a questão da ilicitude. Versamos também sobre a culpabilidade e o concurso de pessoas.

Por sua vez, no Capítulo 4, apresentamos as fases da prática da infração penal, explanando acerca do *iter criminis*, do crime consumado e do crime tentado, da desistência voluntária, do arrependimento posterior e do crime impossível.

Já no Capítulo 5, explicamos o funcionamento e a aplicação da pena – privativa de liberdade, restritiva de direito e multa. Discorremos, ainda, sobre a suspensão condicional do processo e o livramento condicional. Além disso, examinamos o concurso de crimes, as medidas de segurança, os efeitos da condenação, a reabilitação, a ação penal, a extinção da punibilidade e a prescrição.

Ao final da obra, na seção "Consultando a Legislação", destacamos alguns crimes correlatos à atuação de profissionais da área pública e/ou privada, bem como alguns recortes da legislação esparsa mais relevante para o direito penal.

Além de reunir, de maneira didática, os principais conceitos necessários à compreensão do tema, destacamos a jurisprudência atualizada, incluindo súmulas dos tribunais superiores, que são essenciais para o entendimento do conteúdo. O resultado é a compilação dos pensamentos dos principais doutrinadores do direito penal aliados à prática e à exegese dos tribunais.

A organização e a maneira como foi escrita tornam esta obra um instrumento didático organizado e esquematizado para o estudo do direito penal, o que é de grande valia para aqueles que estão iniciando na área, bem como para aqueles que precisam de uma fonte de consulta rápida e clara acerca de todas as bases da disciplina.

Bons estudos!

Empregamos nesta obra recursos que visam enriquecer seu aprendizado, facilitar a compreensão dos conteúdos e tornar a leitura mais dinâmica. Conheça a seguir cada uma dessas ferramentas e saiba como estão distribuídas no decorrer deste livro para bem aproveitá-las.

como aproveitar ao máximo este livro

Conteúdos do capítulo

Logo na abertura do capítulo, relacionamos os conteúdos que nele serão abordados.

Após o estudo deste capítulo, você será capaz de:

Antes de iniciarmos nossa abordagem, listamos as habilidades trabalhadas no capítulo e os conhecimentos que você assimilará no decorrer do texto.

Mãos à obra

Nesta seção, propomos atividades práticas com o propósito de estender os conhecimentos assimilados no estudo do capítulo, transpondo os limites da teoria.

Para saber mais

Sugerimos a leitura de diferentes conteúdos digitais e impressos para que você aprofunde sua aprendizagem e siga buscando conhecimento.

b. Conforme o princípio da culpabilidade, a responsabilidade penal é subjetiva, pelo que nenhum resultado penalmente relevante pode ser atribuído a quem não o tenha produzido por dolo ou culpa, elementos finalisticamente localizados na culpabilidade.
c. O princípio da insignificância funciona como causa de exclusão da culpabilidade, sendo requisitos de sua aplicação para o STF a ofensividade da conduta, a ausência de periculosidade social da ação e a inexpressividade da lesão jurídica.
d. O princípio da legalidade, do qual decorre a reserva legal, veda o uso dos costumes e da analogia para criar tipos penais incriminadores ou agravar as infrações existentes, embora permita a interpretação analógica da norma penal.

Para saber mais

STJ – Superior Tribunal de Justiça. **Informativo de jurisprudência**. Disponível em: <https://ww2.stj.jus.br/jurisprudencia/externo/informativo/?aplicacao=informativo.ea>.
Acesso em: 5 nov. 2019.
No site do Superior Tribunal de Justiça, é possível filtrar o ramo de direito, pesquisando as diversas hipóteses de aplicação dos princípios de direito penal no caso concreto, facilitando a compreensão e a memorização do conteúdo.

Síntese

Neste capítulo, abordamos o conceito de direito penal, bem como sua função, analisando os bens jurídicos e sua relevância no que diz respeito à proteção apontada pelo legislador. Entre as funções do direito penal, destacamos a proteção dos bens jurídicos e a garantia de vigência da norma. Também esclarecemos a relação entre direito penal e direito constitucional, evidenciando que o direito penal deve observar os parâmetros determinados constitucionalmente. De forma didática, trouxemos a diferença entre direito penal objetivo e subjetivo.

Na sequência, tratamos das fontes do direito penal, apontando a respectiva classificação: imediatas e mediatas. Por fim, descrevemos os princípios (explícitos e implícitos) mais relevantes do sistema jurídico que incidem na aplicação do direito penal, entre eles: o da legalidade penal e seus desdobramentos, ressaltando sua distinção em relação ao princípio da reserva legal; o da ofensividade e suas funções; o da intervenção mínima e seus desdobramentos; o da proporcionalidade como proibição ao excesso e como impedimento à proteção insuficiente dos bens jurídicos; o da anterioridade e sua previsão legal; e o da insignificância como causa de exclusão da tipicidade.

Síntese

Ao final de cada capítulo, relacionamos as principais informações nele abordadas a fim de que você avalie as conclusões a que chegou, confirmando-as ou redefinindo-as.

Questões para revisão

1) Conforme a teoria tripartite, crime é fato típico, ilícito e culpável segundo o
   a. conceito material de crime.
   b. conceito jurídico-legal de crime.
   c. conceito analítico de crime.
   d. conceito formal de crime.
2) Quando o tipo penal descreve apenas a conduta delituosa, não havendo previsão do resultado naturalístico, sendo este dispensável, trata-se de um crime:
   a. material.
   b. formal.
   c. de mera conduta.
   d. consumado.
3) O crime que não deixa vestígios, não havendo necessidade de exame pericial, denomina-se:
   a. crime não transeunte.
   b. crime testado.
   c. crime de atentado.
   d. crime transeunte.
4) Todos os crimes têm objeto material?
5) O ordenamento jurídico brasileiro admite o dolo de segundo grau?

Questões para revisão

Ao realizar estas atividades, você poderá rever os principais conceitos analisados. Ao final do livro, disponibilizamos as respostas às questões para a verificação de sua aprendizagem.

Questão para reflexão

1) Quanto às espécies de resultado, a doutrina menciona o resultado normativo e o resultado naturalístico. Tendo em vista o conceito atribuído a esses resultados, é possível afirmar que todos os crimes apresentam essas duas espécies de resultado?

Questões para reflexão

Ao propor estas questões, pretendemos estimular sua reflexão crítica sobre temas que ampliam a discussão dos conteúdos tratados no capítulo, contemplando ideias e experiências que podem ser compartilhadas com seus pares.

Exemplificando

1. O agente, para salvar sua vida, sacrifica o patrimônio de outro (o estado de necessidade justificante exclui a ilicitude em razão de a vida ser um bem jurídico de maior importância em relação ao patrimônio).
2. O agente, para salvar seu patrimônio, sacrifica a vida de outro (para a teoria diferenciadora, pode ser caso de exclusão da culpabilidade – estado de necessidade exculpante; para a teoria unitária, houve o crime, podendo incidir, conforme o caso concreto, uma causa de diminuição de pena).

» **Conhecimento da situação de fato justificante** – Segundo a teoria finalista (Welzel), o agente precisa ter consciência da situação justificante (elemento subjetivo do tipo permissivo), devendo ter conhecimento de que sua conduta lesiva objetiva salvar de perigo atual direito próprio ou alheio (Cunha, 2016).

▪ **Legítima defesa**
O art. 25 do Código Penal prevê que está "em legítima defesa quem, usando moderadamente dos meios necessários, repele injusta agressão, atual ou iminente, a direito seu ou de outrem" (Brasil, 1940). Nesse sentido, é justificada a conduta de quem, usando moderadamente dos meios necessários, repele injusta agressão, atual ou iminente, a direito seu ou de outrem, excluindo-se, dessa forma, a ilicitude da conduta.

Exemplificando

Disponibilizamos, nesta seção, exemplos para ilustrar conceitos e operações descritos ao longo do capítulo a fim de demonstrar como as noções de análise podem ser aplicadas.

Nesta seção, destacamos alguns dispositivos relevantes da parte especial do Código Penal e da legislação esparsa. Dessa forma, você pode ter uma visão geral, por exemplo, de crimes envolvendo a Administração Pública, o porte e a posse de arma de fogo e os crimes hediondos.

1. **Código Penal – Parte Especial**
» **Homicídio – Causa especial de aumento de pena**
Art. 121. [...]
[...]
§ 6º A pena é aumentada de 1/3 (um terço) até a metade se o crime for praticado por milícia privada, sob o pretexto de prestação de serviço de segurança, ou por grupo de extermínio. (Brasil, 1940)

» **Constituição de milícia privada**
Art. 288-A. Constituir, organizar, integrar, manter ou custear organização paramilitar, milícia particular, grupo ou esquadrão com a finalidade de praticar qualquer dos crimes previstos neste Código:
Pena – reclusão, de 4 (quatro) a 8 (oito) anos. (Brasil, 1940)

Consultando a legislação

Listamos e comentamos nesta seção os documentos legais que fundamentam a área de conhecimento, o campo profissional ou os temas tratados no capítulo para você consultar a legislação e se atualizar.

I

Premissas básicas do direito penal

Conteúdos do capítulo

» Conceito de direito penal.
» Função e fontes do direito penal.
» Princípios do direito penal.

Após o estudo deste capítulo, você será capaz de:

1. compreender o conceito de direito penal;
2. identificar os bens jurídicos mais relevantes para o indivíduo;
3. reconhecer a importância dos princípios no nosso ordenamento jurídico, em especial, os relativos ao direito penal.

1.1 Conceito de direito penal

De forma simples, porém completa, Masson (2012, p. 3) conceitua o *direito penal* como o "conjunto de princípios e leis destinados a combater o crime e a contravenção penal, mediante a imposição de sanção penal".

Trata-se de ramo do direito público no qual ocorre a seleção das condutas atentatórias aos mais importantes bens jurídicos, impondo-lhe uma pena criminal ou uma medida de segurança.

Do teor do conceito, ainda é possível destacar que o direito penal é um instrumento de controle social, que busca afastar comportamentos que vão de encontro à convivência social harmônica.

1.2 Função do direito penal

Além de servir como importante instrumento pacificador e socializador, o direito penal limita o poder punitivo estatal, evitando que arbitrariedades ocorram.

Doutrinariamente, a discussão atual quanto à função do direito penal está envolta em um movimento chamado de *funcionalismo*, em que se destacam duas correntes sobre o tema, quais sejam, o funcionalismo teleológico e o funcionalismo sistêmico.

Em poucas linhas, Cunha (2016) ensina que, para o **funcionalismo teleológico** (ou moderado), defendido por Claux Roxin, o direito penal visa proteger determinados bens jurídicos fundamentais ao indivíduo e à comunidade. Nesse sentido, o legislador seleciona os bens especialmente relevantes que deverão estar sob o manto de proteção do direito penal, com ênfase para o caráter fragmentário e subsidiário dessa área do direito.

Por sua vez, outra vertente de discussão, liderada por Günther Jakobs, refere-se ao **funcionalismo sistêmico** (ou radical), que defende que a função do direito penal consiste em assegurar a vigência da norma. Argumentam os que defendem essa corrente que o direito penal, com a ameaça de imposição de sanção, visa determinar aos indivíduos que estes não violem a norma (Cunha, 2016).

A doutrina brasileira filia-se majoritariamente ao entendimento de que o direito penal objetiva proteger os bens jurídicos fundamentais garantidos ao indivíduo e à comunidade.

Conforme as lições do Professor Dotti (2010, p. 67),

> A missão do Direito Penal consiste na proteção de bens jurídicos fundamentais ao indivíduo e à comunidade. Incumbe-lhe, através de um conjunto de normas (incriminatórias, sancionatórias e de outra natureza), definir e punir condutas ofensivas à vida, à liberdade, à segurança, ao patrimônio e outros bens declarados e protegidos pela Constituição e demais leis.

Portanto, o direito penal é ramo do direito público que enuncia um conjunto de normas jurídicas mediante o qual o Estado proíbe determinadas condutas atentatórias aos mais importantes bens jurídicos sob ameaça de uma sanção penal (pena ou medida de segurança).

1.3 Bens jurídicos

*Bens jurídico*s são valores ou interesses relevantes para o indivíduo e a sociedade. Na esfera penal, o bem jurídico é selecionado pelo legislador com o objetivo de garantir os valores consagrados na Constituição Federal (CF) de 1988, conforme determina a teoria constitucional do direito penal.

A CF de 1988 garante proteção a diversos bens jurídicos, como a vida humana, a propriedade, a honra, a liberdade, o trabalho, entre outros (Brasil, 1988). Por sua vez, o direito penal tutela tais bens ao estabelecer a relação de causalidade entre a **conduta humana** e o **evento típico** causador de um dano ou de um perigo de dano aos bens jurídicos selecionados constitucionalmente.

Segundo o **princípio da lesividade** ou da ofensividade, não existe infração penal se a conduta humana não lesionar ou colocar em perigo de dano um bem jurídico penalmente protegido.

1.4 Relação entre direito penal e direito constitucional

Em um Estado Democrático de Direito, o legislador deverá estar atento aos parâmetros de legitimidade impostos pela Constituição Federal.

O direito penal deve observância aos princípios e às regras contidos na CF de 1988, delimitando a atuação estatal e promovendo o exercício dos direitos e das garantias constitucionais.

A validade da norma penal está intrinsicamente ligada ao texto constitucional e com ela deverá estar em consonância, sob pena de ser considerada nula em virtude da inconstitucionalidade e de ser retirada do ordenamento jurídico.

1.5 Direito penal objetivo e subjetivo

O direito penal **objetivo** é o ordenamento jurídico-penal propriamente dito, composto de normas jurídicas.

Por outro lado, o direito penal **subjetivo**, chamado de *jus puniendi* estatal, corresponde ao direito de punir do Estado com a consequente aplicação da sanção cominada ao delito àquele que violou a norma penal.

1.6 Fontes do direito penal

O início de algo caracteriza a fonte em significado amplo. Com relação ao direito penal, a fonte consiste na origem e na forma de manifestação do direito.

A doutrina clássica identifica as fontes de direito penal em fontes materiais e fontes formais.

A **fonte material** decorre da União, responsável pela produção da norma, uma vez que advém do órgão encarregado da criação do direito penal (Cunha, 2016). A CF de 1988 (Brasil, 1988) trouxe previsão expressa atribuindo à União a competência para produzir normas penais: "Art. 22. Compete privativamente à União legislar sobre: I – direito civil, comercial, penal, processual, eleitoral, agrário, marítimo, aeronáutico, espacial e do trabalho".

Já as **fontes formais** referem-se ao modo como o direito é exteriorizado, ou seja, exteriorizam o direito penal, sendo, portanto, fontes de conhecimento ou de cognição. As fontes formais são classificadas em **imediatas** e **mediatas** (Cunha, 2016).

1.6.1 Fontes imediatas

Somente a **lei** pode servir como fonte primária e imediata do direito penal. A Constituição Federal (Brasil, 1988, art. 5º, XXXIX) e o Código Penal (Brasil, 1940, art. 1º) asseguram que não há crime sem lei anterior que o defina, nem pena sem prévia cominação legal.

Aqui, é necessário mencionar a existência de importante posicionamento doutrinário moderno que classifica como fontes formais imediatas a **Constituição**, os **tratados de direitos humanos**, as **leis** e a **jurisprudência**.

1.6.2 Fontes mediatas

Como fontes secundárias ou mediatas, os **costumes** constituem-se em um conjunto de normas de comportamentos uniformes e constantes que implica a certeza e a convicção de sua obrigatoriedade. Por certo, não criam ou revogam crimes e sanções, no entanto, têm importância quando da interpretação das normas penais, admitindo-se o uso do costume segundo a lei (*secundum legem*).

Definições como a de *repouso noturno*, constante no art. 155, parágrafo 1º, do Código Penal (Brasil, 1940) exigem que a interpretação ocorra conforme os costumes do local onde aconteceu o crime. A interpretação poderá variar conforme o espaço: um grande centro urbano ou uma pequena cidade do interior.

Os **princípios gerais de direito**, por sua vez, como fonte mediata, constituem-se em premissas éticas, valores fundamentais que sustentam o ordenamento jurídico, e, no direito penal, sua atuação incide sobre as normas penais não incriminadoras.

Vale ressaltar a existência de importante entendimento doutrinário moderno que classifica a **doutrina** também como fonte formal mediata.

Mãos à obra

1) (Fundatec – 2018 – DPE-SC) De acordo com o Professor Cezar Roberto Bitencourt, "o Direito Penal regula as relações dos indivíduos em sociedade e as relações destes com a mesma sociedade. [...] a persecução criminal somente pode ser legitimamente desempenhada de acordo com as normas preestabelecidas, legisladas de acordo com as regras de um sistema democrático. Por esse motivo, os bens protegidos pelo Direito Penal não interessam apenas ao indivíduo, mas à coletividade como um todo". Tendo por base o pensamento do referido autor, analise as seguintes assertivas:

   I. Uma das principais características do Direito Penal moderno é seu caráter fragmentário, no sentido de que representa a *ultima ratio* do sistema para a proteção daqueles bens e interesses de maior importância para o indivíduo e a sociedade à qual pertence.

   II. Segundo leciona Paulo César Busato, o Direito Penal atua como o instrumento mais contundente de que dispõe o Estado para levar a cabo o controle social. Sua intervenção, portanto, constitui uma violência, por si só, razão pela qual o seu emprego deve dar-se somente e na exata medida da urgente necessidade de preservação da sociedade.

III. Pode-se afirmar, no tocante aos objetivos e às missões do Direito Penal, que a opinião majoritária considera que a missão do Direito Penal é a de proteger bens jurídicos de possíveis lesões ou perigos, sendo que tais bens devem ser aqueles que permitem assegurar as condições de existência da sociedade, a fim de garantir os aspectos principais e indispensáveis da vida em comunidade.

IV. Foi Welzel quem tentou atribuir uma dupla missão ao Direito Penal, pois, sem negar a missão de proteção de bens jurídicos, acrescentou-lhe a missão de proteção dos valores elementares da consciência, de caráter ético-social. O que não é admitido pela maioria da doutrina, já que o Direito Penal não deve se ocupar de exercer um controle moral sobre as pessoas.

Quais estão corretas?
a. Apenas I e II.
b. Apenas I e IV.
c. Apenas III e IV.
d. Apenas II, III e IV.
e. I, II, III e IV.

1.7 Princípios do direito penal

Cabe aos princípios a função propulsora de todo o sistema jurídico, servindo como alicerce ao sentido buscado pelo intérprete. Bandeira de Mello (2002, p. 807-808) define *princípio* de forma brilhante:

Princípio é, por definição, mandamento nuclear de um sistema, verdadeiro alicerce dele, disposição fundamental que se irradia sobre diferentes normas compondo-lhes o espírito e servindo de critério para sua exata compreensão e inteligência exatamente por definir a lógica e a racionalidade do sistema normativo, no que lhe confere tônica e lhe dá sentido harmônico. É o conhecimento dos princípios que preside a intelecção das diferentes partes componentes do todo unitário que há por nome sistema jurídico positivo.

Os princípios podem constar no ordenamento jurídico ora explícitos, ora implícitos, estes últimos quando decorrem de uma interpretação sistemática dentro do sistema jurídico. A seguir, abordaremos os princípios mais importantes relacionados com o direito penal.

1.7.1 Princípio da legalidade penal

O Código Penal (Brasil, 1940) assim dispõe: "Art. 1º Não há crime sem lei anterior que o defina. Não há pena sem prévia cominação legal" – *nullum crimen, nulla poena sine lege praevia.*

Nossa Constituição Federal, por sua vez, consagra como **cláusula pétrea** o princípio da legalidade, elencando-o no rol dos direitos e das garantias fundamentais: "Art. 5º [...] XXXIX – não há crime sem lei anterior que o defina, nem pena sem prévia cominação legal" (Brasil, 1988).

Conforme bem assevera Cunha (2016, p. 83), "trata-se de real limitação ao poder estatal de interferir na esfera de liberdades individuais, daí sua inclusão na Constituição entre os direitos e garantias fundamentais".

Como antecedente histórico mais famoso, a doutrina menciona a Magna Carta de João sem Terra, que, em 1215, estabeleceu que nenhum homem poderia ser submetido à pena sem prévia lei em vigor (Masson, 2012).

Na legislação brasileira, os dispositivos impõem expressamente a observância à exigência de lei para a criação de crimes, bem como para a cominação de penas. Vale destacar que é unânime o entendimento de que tal princípio também se aplica à criação de contravenções penais, tendo sido a palavra *crime* utilizada em sentido genérico e devendo o Código Penal ser aplicado às contravenções penais quando não houver norma em sentido contrário na lei que rege a matéria, qual seja, o Decreto-Lei n. 3.688, de 3 de outubro de 1941 (Brasil, 1941a). Portanto, o princípio da legalidade deve ser observado nas infrações penais em sentido amplo (crimes e contravenções).

Esse princípio é decorrente do regime democrático em vigor, pois cabe ao integrante do Poder Legislativo, eleito pelo povo, legislar sobre direito penal, impondo a este e aos demais poderes a observância da lei estabelecida previamente, evitando-se arbitrariedades.

Por outro lado, com relação ao indivíduo, o princípio da legalidade visa alcançar um efeito intimidativo. A lei prévia deverá ser observada, sob pena de uma sanção penal (pena ou medida de segurança).

Distinção entre princípio da legalidade e princípio da reserva legal

Alguns doutrinadores fazem distinção entre o princípio da legalidade em sentido amplo e o princípio da reserva legal.

A legalidade em **sentido amplo** enuncia que não há crime sem lei, conforme preceitua a Constituição Federal em seu art. 5º, inciso XXXIX (Brasil, 1988).

Por sua vez, o princípio da reserva legal refere-se à legalidade em **sentido estrito**, a qual preconiza que somente o legislador pode atuar para prever crimes, penas e medida de segurança, vedando, por exemplo, que medida provisória trate de direito penal (Azevedo; Salim, 2015).

A CF de 1988 estabelece, em seu art. 22, inciso I, que a competência legislativa sobre matéria penal é privativa da União, sendo vedada a edição de medidas provisórias sobre direito penal, conforme enuncia o art. 62, parágrafo 1º, inciso I, alínea "b" (Brasil, 1988).

No entanto, apesar dessa distinção doutrinária, comumente consideram-se as expressões como sinônimas.

▎Desdobramentos do princípio da legalidade

Do princípio da legalidade, é possível abstrair os seguintes postulados:

» **Lei estrita** – Não há crime (ou contravenção penal), nem pena (ou medida de segurança) sem lei. Portanto, a infração penal somente pode ser criada por lei em sentido estrito (lei complementar ou lei ordinária), conforme preveem o art. 5º da CF de 1988 e o art. 1º do Código Penal, respeitando-se o processo legislativo correspondente e a competência do Poder Legislativo, sendo proibida a analogia contra o réu (*nullum crimen, nulla poena sine lege stricta*) (Brasil, 1988; Brasil, 1940).

» **Lei escrita** – Não há crime (ou contravenção penal), nem pena (ou medida de segurança) sem lei escrita. Isso significa que somente a lei escrita pode criar crimes e cominar penas, sendo proibido o costume incriminador (*nullum crimen, nulla poena sine lege scripta*), salvo a aplicação *in bonam partem* ou, ainda, a interpretação de alguma expressão com conteúdo aberto, como *repouso noturno* (já citada e constante no art. 155, parágrafo 1º, do Código Penal, Brasil, 1940).

» **Lei certa** – Não há crime (ou contravenção penal), nem pena (ou medida de segurança) sem lei certa – é o que dispõem o art. 5º da CF de 1988 e o art. 1º do Código Penal. Assim, é proibida a criação de tipos penais vagos e indeterminados (*nullum crimen, nulla poena sine lege certa*) (Brasil, 1988; Brasil, 1940).

» **Lei prévia** – É proibida a aplicação da lei penal incriminadora a fatos não considerados crimes antes de sua vigência, de acordo com o art. 5º da CF de 1988 e o art. 1º do Código Penal. Trata-se do princípio da anterioridade (*nullum crimen, nulla poena sine lege praevia*) (Brasil, 1988; Brasil, 1940).

Entre esses postulados, deve-se observar, ainda, a necessidade da lei para inibir determinadas condutas, respeitando-se o princípio da intervenção mínima, que rege o direito penal e veda a criação de infrações penais sem necessidade, ou seja, decorrentes de condutas que podem ser combatidas por outros ramos do direito.

Legalidade formal *versus* legalidade material

A legalidade é demonstrada sob dois aspectos: formal e material.

No âmbito **formal**, o legislador obedecerá aos trâmites procedimentais (processo legislativo) por meio do qual se chegará a uma lei vigente.

Quanto ao aspecto **material**, é imprescindível que a lei respeite o conteúdo valorativo trazido pela Constituição Federal e pelos tratados de direitos humanos, observando-se direitos e garantias do cidadão, de modo a se obter uma lei válida.

1.7.2 Princípio da intervenção mínima

Decorre da seleção dos bens jurídicos tutelados, legitimando a intervenção penal apenas quando a criminalização de um fato se constitui meio indispensável para a proteção de determinado bem ou interesse, afastada qualquer outra possibilidade de proteção por outro ramo do ordenamento jurídico.

A intervenção mínima tem como destinatários principais o **legislador**, que fará a avaliação das condutas que serão criminalizadas, evitando criminalizar qualquer comportamento, e o **intérprete** do direito, que buscará evitar a aplicação do direito penal quando a solução puder ser encontrada em outro ramo do direito.

▪ Princípio da fragmentariedade
Como espécie do princípio da intervenção mínima, o princípio da fragmentariedade apregoa que somente alguns comportamentos (fragmentos) contrários ao ordenamento jurídico configuram ilícitos penais, e todo ilícito penal será também ilícito perante os demais ramos do direito. Contudo, a recíproca não é verdadeira, pois nem tudo que é juridicamente ilícito é ilícito penal.

O direito penal, portanto, deve ser a última alternativa protetiva permitida no plano abstrato, e o legislador só criará novos tipos penais quando outros ramos do direito forem insuficientes para a proteção do bem jurídico tutelado. O princípio da fragmentariedade se refere, dessa forma, à atividade legislativa.

▪ Princípio da subsidiariedade
Também espécie do princípio da intervenção mínima, o princípio da subsidiariedade, por sua vez, deve ser observado no plano concreto e se relaciona com a aplicação da lei penal

quando os demais meios disponíveis já tiverem sido empregados e restaram insuficientes para proteção do bem jurídico.

O direito penal funciona como um executor de reserva, que fica aguardando para ser acionado apenas quando a conduta ilícita não pode ser combatida por outros meios. Assim, o direito penal deve ser a *ultima ratio*, ou seja, o último recurso.

1.7.3 Princípio da ofensividade

Não há de se falar em infração penal quando a conduta não tiver ao menos causado perigo de lesão ao bem jurídico.

O legislador não poderá qualificar como infração penal condutas inofensivas ao bem jurídico, e, no âmbito de aplicação do direito, o intérprete deverá observar se o fato, apesar de típico, concretamente é inofensivo ao bem jurídico tutelado pela norma.

Podemos observar quatro principais funções do princípio da ofensividade:

1. Proibição da incriminação de uma atitude interna, como as ideias, as convicções e os desejos humanos.
2. Proibição da incriminação de simples estados ou condições existenciais.
3. Proibição de uma conduta que não exceda o âmbito do próprio autor (princípio da alteridade).
4. Proibição da incriminação de condutas desviadas que não afetem qualquer bem jurídico.

1.7.4 Princípio da proporcionalidade

No âmbito do direito penal, o princípio da proporcionalidade serve como diretriz para a criação de tipos penais incriminadores, observando-se a vantagem que tal atividade trará à sociedade em razão do ônus imposto aos cidadãos com a aplicação da respectiva punição.

Além de observância quando da criação dos tipos penais, o princípio da proporcionalidade deverá incidir também com relação à pena, tornando a resposta estatal justa e suficiente para a reprovação da conduta combatida, norteando a necessidade, a adequação e a quantificação da pena.

Nesse passo, o legislador deverá aplicar a proporcionalidade **abstrata** (legislativa) ao eleger penas apropriadas para cada infração penal; o juiz observará a proporcionalidade **concreta** (judicial) ao individualizar a aplicação da pena; e, finalmente, na fase executória, a proporcionalidade incidirá no cumprimento da pena, ponderando-se as condições pessoais e o mérito do acusado.

É importante destacar que, modernamente, o princípio da proporcionalidade **proíbe o excesso** quando veda a cominação e a aplicação de penas em dose exagerada e desnecessária e, por outro lado, **impede a proteção insuficiente de bens jurídicos**, já que não admite punições não satisfatórias ao objetivo da resposta penal.

1.7.5 Princípio da anterioridade

Trata-se de princípio expresso na Constituição Federal e no Código Penal. Respectivamente, confiram-se os dispositivos que fundamentam tal princípio:

> *Art. 5º [...]*
> *[...]*
> *XXXIX – não há crime sem lei anterior que o defina, nem pena sem prévia cominação legal.* (Brasil, 1988)
>
> *Art. 1º Não há crime sem lei anterior que o defina. Não há pena sem prévia cominação legal.* (Brasil, 1940)

Exige-se, então, lei prévia ao fato a ser julgado, não podendo retroagir, salvo para beneficiar o réu. Dessa forma, a lei somente poderá ser aplicável aos fatos praticados depois de sua entrada em vigor.

1.7.6 Princípio da insignificância

O princípio da insignificância tem estreita relação com os já citados princípios da intervenção mínima, da fragmentariedade e da subsidiariedade, apregoando que o direito penal não deve ocupar-se de assuntos irrelevantes, incapazes de lesar o bem jurídico tutelado.

Surgiu no direito civil, derivado do brocardo *minimus non curat praetor*, e, no direito penal, foi estudado inicialmente por Claus Roxin, em 1970 (Masson, 2012).

Tal princípio apresenta natureza jurídica de **causa supralegal de exclusão da tipicidade material,** restringindo o alcance do tipo penal em alguns casos, quando preenchidos os requisitos estabelecidos pelos tribunais superiores, que deverão ser aferidos em cada caso concreto (Masson, 2012).

Os requisitos **objetivos** são:
» mínima ofensividade da conduta;
» ausência de periculosidade social da ação;
» reduzido grau de reprovabilidade do comportamento;
» inexpressividade da lesão jurídica provocada.

Os requisitos **subjetivos** são:
» importância do objeto material para a vítima, levando-se em consideração sua condição econômica;
» valor sentimental do bem;
» circunstâncias e resultados do crime.

Há de se destacar, ainda, o entendimento do Supremo Tribunal Federal (STF):

> *para a incidência do princípio da insignificância, alguns vetores devem ser considerados, quais sejam: a a mínima ofensividade da conduta do agente; b) a ausência de periculosidade social da ação; c) o reduzido grau de reprovabilidade do comportamento; e d) a inexpressividade da lesão jurídica causada (cf. HC 84.412/SP, Rel. Min. Celso de Mello, Segunda Turma, unânime, DJe 19.11.2004).*
>
> *Todavia, importante observar que, para aplicação do princípio em tela, não se deve sopesar somente o valor sonegado. Há, por outro lado, que se analisar a espécie perante todo o contexto fático, examinando-se um a um os elementos caracterizadores da insignificância, na medida em que o valor sonegado é somente um dos pressupostos à escorreita aplicação.*
>
> *No caso vertente, o crédito tributário evadido é da monta de R$ 427,96 (quatrocentos e vinte e sete reais e noventa e seis centavos), valor abaixo daquele previsto no art. 20 da Lei 10.522/2002, atualizado pelas Portarias 75 e 130/2012 do Ministério da Fazenda, qual seja R$ 20.000,00 (vinte mil reais).*
>
> **No entanto, conforme consignado na decisão ora agravada, o paciente possui outros registros de autuações fiscais pela prática de descaminho, fato que, embora não determine a reincidência propriamente dita, configura prática reiterada do crime de descaminho.**

> *No ponto, destaco que as Turmas do STF já se posicionaram no sentido de afastar a aplicação do princípio da insignificância aos acusados reincidentes ou de habitualidade delitiva comprovada [...].* (Brasil, 2018b, grifo do original)

Como se vê, o STF tem afastado a aplicação do princípio da insignificância quando há indicadores de habitualidade delitiva.

Princípio da insignificância imprópria ou da criminalidade de bagatela imprópria

Aqui, a infração aparece como relevante para o direito penal, uma vez que, existindo desvalor da conduta e do resultado, a respectiva punição caracteriza-se como desnecessária diante do caso concreto.

Esse princípio – da insignificância imprópria – tem relação com a exclusão da punição e com a teoria da pena, ao passo que o princípio da insignificância própria é causa de exclusão da tipicidade material e tem incidência na teoria do delito.

Diversos fatores podem afastar a aplicação da pena após a prática do fato, tais como: sujeito com bons antecedentes e primário que se ajusta ao convívio social; reparação dos danos; reconhecimento da culpa; colaboração com a Justiça etc.

1.7.7 Princípio da individualização da pena

Expresso na Constituição Federal, no art. 5º, inciso XLVI, o princípio da individualização da pena decorre do princípio da justiça, por meio do qual se deve distribuir a cada indivíduo o que lhe cabe. Vejamos:

Art. 5º [...]
[...]
XLVI – *a lei regulará a individualização da pena e adotará, entre outras as seguintes:*
a) privação ou restrição da liberdade;
b) perda de bens;
c) multa;
d) prestação social alternativa;
e) suspensão ou interdição de direitos; (Brasil, 1988)

No direito penal, busca-se a aplicação da pena levando em consideração o caso concreto, de modo que sejam observados os aspectos subjetivos e objetivos do crime.

A individualização da pena concretiza-se no aspecto **legislativo** quando ocorrem, de forma adequada, as descrições do tipo penal, das circunstâncias a serem ponderadas e de sua correspondente sanção, delimitando-se o mínimo e o máximo da pena a ser aplicada.

A individualização **judicial** ocorre quando o juiz aplica a pena ao caso concreto, considerando todos os elementos legais fornecidos pelo legislador, bem como os elementos trazidos na situação apresentada a julgamento, utilizando-se como vetor orientador o sistema penal de aplicação da pena contido no ordenamento jurídico.

Por sua vez, a individualização **administrativa** efetua-se durante a execução da pena, considerando-se as finalidades desta, quais sejam, retribuição, prevenção e ressocialização.

1.7.8 Princípio da pessoalidade ou da intranscendência da pena

A pena deve ser aplicada somente ao autor do fato, e não a terceiros. A Constituição Federal assim prevê:

Art. 5º [...]

[...]

XLV – nenhuma pena passará da pessoa do condenado, podendo a obrigação de reparar o dano e a decretação do perdimento de bens ser, nos termos da lei, estendidas aos sucessores e contra eles executadas, até o limite do valor do patrimônio transferido. (Brasil, 1988)

Verifica-se exceção a tal princípio em alguns efeitos extrapenais da condenação, como na obrigação de reparar os danos, que poderá atingir eventuais herdeiros até o limite da herança no caso de morte do condenado.

1.7.9 Princípio da humanidade

Segundo o princípio da humanidade, nenhuma pena pode atingir a **dignidade da pessoa humana**, sendo vedada a aplicação de penas cruéis e infamantes, objetivando a ressocialização do condenado.

A dignidade da pessoa humana está consagrada em nossa Constituição Federal, em seu art. 1º, inciso III, como fundamento da República Federativa do Brasil, devendo ser respeitada, inclusive, quando da aplicação da sanção penal (Brasil, 1988).

1.7.10 Princípio da culpabilidade

O direito penal não poderá penalizar um agente que atue sem culpabilidade, ou seja, quando o agente for inimputável, sem potencial consciência da ilicitude ou do qual não se possa exigir conduta diversa.

O princípio da culpabilidade pode ser analisado, ainda, como medida da pena, estabelecendo os parâmetros pelos quais o juiz fixará a pena no momento da condenação, conforme dispõe o art. 59 do Código Penal (Brasil, 1940).

Em outro aspecto, sua aplicação busca evitar a responsabilidade objetiva do agente, pois o sujeito só pode ser responsabilizado se sua conduta ofensiva for dolosa ou culposa. Assim, em nosso ordenamento jurídico, vigora o princípio da **responsabilidade penal subjetiva**, de acordo com o disposto no art. 19 do Código Penal: "Pelo resultado que agrava especialmente a pena, só responde o agente que o houver causado ao menos culposamente" (Brasil, 1940).

1.7.11 Princípio da materialização do fato

Rege esse princípio o brocardo *nullun crimen sine actio*, ou seja, a pena deve ser imposta por ter o agente praticado um fato lesivo a um bem jurídico tutelado, e não em razão do sujeito ativo do crime. Decorre dos princípios da ofensividade e da culpabilidade.

Nosso ordenamento jurídico não admite o direito penal do autor, vigorando o direito penal do fato.

Mãos à obra

2) (Fumarc – 2018 – PC-MG) Acerca dos princípios que limitam e informam o Direito Penal, é correto afirmar:
   a. A responsabilidade pela indenização do prejuízo que foi causado pelo crime imputado ao agente não pode ser estendida aos seus herdeiros sem que haja violação do princípio da personalidade da pena.

b. Conforme o princípio da culpabilidade, a responsabilidade penal é subjetiva, pelo que nenhum resultado penalmente relevante pode ser atribuído a quem não o tenha produzido por dolo ou culpa, elementos finalisticamente localizados na culpabilidade.
c. O princípio da insignificância funciona como causa de exclusão da culpabilidade, sendo requisitos de sua aplicação para o STF a ofensividade da conduta, a ausência de periculosidade social da ação e a inexpressividade da lesão jurídica.
d. O princípio da legalidade, do qual decorre a reserva legal, veda o uso dos costumes e da analogia para criar tipos penais incriminadores ou agravar as infrações existentes, embora permita a interpretação analógica da norma penal.

Para saber mais

STJ – Superior Tribunal de Justiça. **Informativo de jurisprudência**. Disponível em: <https://ww2.stj.jus.br/jurisprudencia/externo/informativo/?aplicacao=informativo.ea>. Acesso em: 5 nov. 2019.

No *site* do Superior Tribunal de Justiça, é possível filtrar o ramo de direito, pesquisando as diversas hipóteses de aplicação dos princípios de direito penal no caso concreto, facilitando a compreensão e a memorização do conteúdo.

Síntese

Neste capítulo, abordamos o conceito de direito penal, bem como sua função, analisando os bens jurídicos e sua relevância no que diz respeito à proteção apontada pelo legislador. Entre as funções do direito penal, destacamos a proteção dos bens jurídicos e a garantia de vigência da norma. Também esclarecemos a relação entre direito penal e direito constitucional, evidenciando que o direito penal deve observar os parâmetros determinados constitucionalmente. De forma didática, trouxemos a diferença entre direito penal objetivo e subjetivo.

Na sequência, tratamos das fontes do direito penal, apontando a respectiva classificação: imediatas e mediatas. Por fim, descrevemos os princípios (explícitos e implícitos) mais relevantes do sistema jurídico que incidem na aplicação do direito penal, entre eles: o da legalidade penal e seus desdobramentos, ressaltando sua distinção em relação ao princípio da reserva legal; o da ofensividade e suas funções; o da intervenção mínima e seus desdobramentos; o da proporcionalidade como proibição ao excesso e como impedimento à proteção insuficiente dos bens jurídicos; o da anterioridade e sua previsão legal; e o da insignificância como causa de exclusão da tipicidade.

Questões para revisão

1) Quanto à função do direito penal, assinale a alternativa que apresenta as duas correntes que se destacam sobre o tema:
   a. Funcionalismo teleológico, defendido por Gunther Jakobs, e funcionalismo moderado, defendido por Claux Roxin.
   b. Funcionalismo sistêmico, defendido por Claux Roxin, e funcionalismo radical, defendido por Gunther Jakobs.
   c. Funcionalismo sistêmico, defendido por Gunther Jakobs, e funcionalismo radical, defendido por Claux Roxin.
   d. Funcionalismo teleológico, defendido por Claux Roxin, e funcionalismo sistêmico, defendido por Gunther Jakobs.

2) Não existe infração penal se a conduta humana não lesionar ou colocar em perigo de dano um bem jurídico penalmente protegido. Essa afirmação define o princípio da:
   a. legalidade.
   b. lesividade.
   c. imperatividade.
   d. insignificância.

3) O ordenamento jurídico propriamente dito (normas jurídicas) e o direito de punir do Estado correspondem, respectivamente, aos conceitos de:
   a. direito penal subjetivo e direito de ação.
   b. direito penal subjetivo e direito penal objetivo.
   c. direito penal objetivo e direito penal subjetivo.
   d. direito de ação e direito penal subjetivo.

4) O princípio da legalidade deve ser observado somente com relação aos crimes ou também incide nas contravenções penais?

5) Quais os requisitos estabelecidos pelos tribunais superiores para ser possível o reconhecimento do princípio da insignificância no caso concreto?

Questão para reflexão

1) A prática reiterada de crime admite a aplicação do princípio da insignificância?

II

A lei penal e sua aplicação

Conteúdos do capítulo

» Aplicação da lei penal no tempo e no espaço.
» Conflito aparente de normas.

Após o estudo deste capítulo, você será capaz de:

1. classificar a lei penal e identificar suas principais características;
2. compreender o conceito de lei penal em branco;
3. interpretar a lei penal e aplicar a analogia quando necessário;
4. reconhecer os conflitos da lei penal no tempo;
5. discutir os princípios incidentes na aplicação da lei penal no espaço.

2.1 Classificação da lei penal

A lei penal é a fonte formal imediata do direito penal, cria infrações penais, comina as penas correspondentes a tais infrações e é descritiva, já que detalha o comportamento criminoso.

Como preceito primário, destaca-se, no tipo penal, a conduta delitiva, e como secundário, a pena em abstrato.

> **Exemplificando**
>
> Art. 121, *caput*, do Código Penal (Brasil, 1940):
> 1. Preceito primário – "matar alguém".
> 2. Preceito secundário – "pena: reclusão, de seis a vinte anos".

A doutrina classifica as leis penais em:
» **Incriminadoras** – Leis que criam crimes e cominam penas (parte especial do Código Penal e legislação penal especial).
» **Não incriminadoras** – Leis que não criam crimes e não cominam penas. Podem ser:
  » permissivas – são as causas de exclusão da ilicitude (ex.: legítima defesa);
  » exculpantes – estabelecem a não culpabilidade ou a impunidade (ex.: doença mental);
  » interpretativas – esclarecem o conteúdo e o significado de outras leis penais (ex.: art. 150, parágrafo 4º, do Código Penal – conceito de domicílio);
  » complementares – delimitam o campo de validade das leis incriminadoras (ex.: art. 2º do Código Penal – lei penal no tempo);

» diretivas – orientam pelos princípios que regem a matéria (ex.: art. 1º do Código Penal – princípio da reserva legal);
» de extensão – complementam a tipicidade (ex.: art. 14 do Código Penal – tentativa).
» **Completas ou perfeitas** – Apresentam todos os elementos da conduta criminosa (ex.: art. 157, *caput*, do Código Penal – roubo).
» **Incompletas ou imperfeitas** – A definição da conduta depende de uma complementação descrita em outra lei ou ato administrativo ou, ainda, depende do julgador. Trata-se das leis penais em branco e dos tipos penais abertos.

2.2 Características da lei penal

A seguir, elencamos as características mais relevantes para a aplicação da lei penal:
» **Exclusividade** – Só a lei pode criar delitos e penas, conforme prescrevem o art. 5º, inciso XXXIX, da Constituição Federal (CF) de 1988, e o art. 1º do Código Penal: não há crime sem lei anterior que o defina, nem pena sem prévia cominação legal (Brasil, 1988; Brasil, 1940).
» **Imperatividade** – Diante de imposição de pena ou de medida de segurança, o cumprimento da respectiva sanção é obrigatório.
» **Generalidade** – A lei penal é dirigida a todas as pessoas, indistintamente, que estejam sob a jurisdição do Brasil. Assim dispõe o art. 6º da Lei de Introdução às Normas do Direito Brasileiro (LINDB): "A lei em vigor terá efeito imediato e geral, respeitados o ato jurídico perfeito, o direito adquirido e a coisa julgada" (Brasil, 1942).

> **Impessoalidade** – A lei penal tem caráter abstrato e está direcionada a fatos futuros praticados por qualquer pessoa. Duas exceções devem ser consideradas: as leis que preveem anistia e a *abolitio criminis*, pois poderão ser aplicadas a fatos concretos.
> **Anterioridade** – Com exceção da lei penal mais benéfica, a lei penal incriminadora poderá ser aplicada a fatos que ocorrem durante sua vigência.

2.3 Lei penal em branco

Trata-se da lei cujo preceito primário é incompleto, genérico ou indeterminado e, por isso, necessita de complementação por outras normas, embora o preceito secundário seja determinado.

O exemplo mais comum são os tipos penais da Lei de Drogas – Lei n. 11.343, de 23 de agosto de 2006 (Brasil, 2006) –, os quais punem condutas relacionadas com drogas ilícitas, contudo, não descrevem as substâncias que se enquadrariam no tipo penal, cabendo à Agência Nacional de Vigilância Sanitária (Anvisa), por um ato administrativo, informar as drogas proibidas.

Outro exemplo que é o crime previsto no art. 237 do Código Penal (conhecimento prévio de impedimento), em que o intérprete deverá observar o Código Civil para identificar quais são os impedimentos que causam nulidade absoluta do matrimônio.

A lei penal em branco pode ser:
> **Homogênea (em sentido lato)** – O complemento encontra-se descrito em uma fonte formal da mesma hierarquia da norma incriminadora. Como exemplo, tem-se o art. 237

do Código Penal: "contrair casamento, conhecendo a existência de impedimento que lhe cause a nulidade absoluta" (Brasil, 1940), encontrando-se o respectivo complemento no art. 1.521 do Código Civil (Brasil, 2002b).

» **Heterogênea (em sentido estrito)** – O complemento está descrito em uma fonte formal de hierarquia diferente, por exemplo, em uma portaria. Como exemplo, tem-se o art. 33 da Lei n. 11.343/2006 (tráfico ilícito de drogas – Brasil, 2006), encontrando-se a relação das drogas ilícitas prevista em portarias da Anvisa.

» **Inversa ou ao avesso** – O preceito primário é completo, mas o secundário necessita de complementação por outra lei. Como exemplos, tem-se o art. 1º da Lei n. 2.889, de 7 de dezembro de 1956, que define e pune o crime de genocídio:

Art. 1º Quem, com a intenção de destruir, no todo ou em parte, grupo nacional, étnico, racial ou religioso, como tal: (vide Lei nº 7.960, de 1989)
a) matar membros do grupo;
b) causar lesão grave à integridade física ou mental de membros do grupo;
c) submeter intencionalmente o grupo a condições de existência capazes de ocasionar-lhe a destruição física total ou parcial;
d) adotar medidas destinadas a impedir os nascimentos no seio do grupo;
e) efetuar a transferência forçada de crianças do grupo para outro grupo;

Será punido:

Com as penas do art. 121, § 2º, do Código Penal, no caso da letra a;
Com as penas do art. 129, § 2º, no caso da letra b;

Com as penas do art. 270, no caso da letra c;
Com as penas do art. 125, no caso da letra d;
Com as penas do art. 148, no caso da letra e; (Brasil, 1956)

2.4 Interpretação da lei penal

Interpretar é buscar a vontade da lei (*mens legis*), a fim de identificar seu sentido normativo, o que ocorre por meio da hermenêutica jurídica.

A interpretação pode ser classificada como disposto a seguir, segundo Masson (2012).

- » **Quanto ao sujeito:**
  - » Autêntica ou legislativa – Cabe ao legislador quando da edição de uma lei com o propósito de esclarecer o alcance e o significado de outra, como no caso do art. 327 do Código Penal, que estabelece o conceito legal de funcionário público para fins penais (Brasil, 1940).
  - » Doutrinária – É exercida pelos doutrinadores, por aqueles que comentam o texto legal, como a "Exposição de Motivos do Código Penal".
  - » Judicial ou jurisprudencial – Decorre da interpretação realizada pelos membros do Poder Judiciário quando proferem decisões judiciais.
- » **Quanto aos meios**:
  - » Gramatical ou literal – Decorre da interpretação literal da letra da lei.
  - » Lógica ou teleológica – Busca a vontade manifestada na lei por meio de elementos que se apresentem necessários, como o histórico, o sistemático (análise do sistema em que a lei se insere), o direito comparado, entre outros.

» **Quanto ao resultado (conclusão):**
  » Declaratória – Resulta da compreensão da lei expressa e de sua vontade, ou seja, não há o que ser acrescentado, pois o texto legal se apresenta de forma suficiente.
  » Extensiva – A lei estabelece menos do que desejava, então, há necessidade de ampliação do respectivo texto para se chegar à efetiva vontade da lei.
  » Restritiva – Faz-se necessária uma diminuição do alcance da lei, ou seja, a lei estabelece mais do que desejava.
» **Interpretação analógica** – Ocorre quando a lei contém uma fórmula casuística seguida de uma fórmula genérica, prevendo inúmeras situações práticas que possam ocorrer. Como exemplo, tem-se o art. 121, parágrafo 2º, inciso I, do Código Penal: "se o homicídio é cometido: I – mediante paga ou promessa de recompensa, ou por outro motivo torpe" (Brasil, 1940).

2.5 Analogia

Aqui, é preciso muita atenção para não confundir conceitos, pois não se trata de uma espécie de interpretação da lei penal, mas de integração ou colmatação do ordenamento jurídico. A analogia decorre do adágio *ubi eadem ratio, ibi eadem jus*, ou seja, onde há a mesma razão, aplica-se o mesmo dispositivo legal (Cunha, 2016).

> Também conhecida como integração analógica, é forma de interpretação em que ocorre a aplicação a um caso não previsto em lei de uma lei aplicada a um caso semelhante. Nosso ordenamento penal não admite que se

aplique essa técnica às leis incriminadoras, somente às leis não incriminadoras, sob pena de ofensa ao princípio da reserva legal. (Cunha, 2016)

São espécies de analogia, de acordo com Cunha (2016):
» **Analogia *legis* ou legal** – Aplica-se a analogia com base em outra disposição legal que regula caso semelhante.
» **Analogia *juris* ou jurídica** – A base utilizada para a analogia é um princípio geral do direito.
» **Analogia *in bonam partem*** – Aplica-se ao caso uma lei em benefício ao réu.
» **Analogia *in malam partem*** – Trata-se de aplicação ao caso omisso de uma lei prejudicial ao réu, o que não se admite no direito penal brasileiro.

2.6 Lei penal no tempo

Com base no princípio da continuidade das leis, como regra geral, uma lei, ao ingressar no ordenamento jurídico, deverá vigorar até ser revogada por outra lei, exceto as leis temporárias e as excepcionais, que são autorrevogáveis.

Nosso ordenamento não admite revogação de uma lei pelos costumes ou por uma decisão judicial.

Ocorrendo apenas por meio da função legislativa, a revogação de uma lei pode ser **absoluta ou total** (ab-rogação) ou **parcial** (derrogação).

A revogação pode ser **expressa**, quando indicar os dispositivos legais revogados, ou **tácita**, quando a nova lei é incompatível com a anterior.

Na aplicação da lei penal, a regra geral é de que seja observada a norma vigente ao tempo do crime.

O tempo do crime, portanto, deve ser considerado para que seja identificada a eficácia dos princípios e das regras jurídicas, bem como a respectiva validade destes, de modo a definir a lei aplicável ao caso concreto.

O Código Penal, em seu art. 4º, adotou a **teoria da atividade** para identificar o tempo do crime: "Considera-se praticado o crime no momento da ação ou omissão, ainda que outro seja o momento do resultado" (Brasil, 1940).

2.6.1 Conflito de leis penais no tempo

Se a lei nova que vier a suceder a lei revogada disciplinar a matéria de forma diversa, pode ocorrer, no caso concreto, um conflito entre as leis penais no tempo.

A regra geral, como vimos, é de que a lei em vigor na época da prática do fato é a que deverá ser aplicada (*tempus regi actum*), em obediência ao princípio da reserva legal e da anterioridade da lei penal.

No entanto, algumas situações exigem atenção do aplicador do direito ao caso concreto, principalmente quando a norma puder retroagir para alcançar fatos ocorridos na vigência da lei anterior. Nesses casos, a análise deve atentar para as seguintes premissas:

» **Nova lei cria uma nova figura penal (*novatio legis* incriminadora)** – Essa lei nova somente terá eficácia para o futuro, não retroagirá.
» **Lei posterior mais rígida em comparação à lei anterior (*lex gravior*)** – A lei mais grave terá aplicação apenas a fatos posteriores à sua entrada em vigor. Assim, nos casos em que a lei anterior vigente quando da prática do crime for mais benéfica ao réu, mesmo tendo

sido revogada, deverá ocorrer a **ultratividade** da lei mais benéfica, permanecendo os efeitos desta, que é mais favorável ao réu.

» **Lei posterior mais benéfica em comparação à lei anterior (*lex mitior*)** – O parágrafo único do art. 2º do Código Penal assim estabelece: "a lei posterior, que de qualquer modo favorecer o agente, aplica-se aos fatos anteriores, ainda que decididos por sentença condenatória transitada em julgado" (Brasil, 1940). Portanto, tratando-se de lei posterior mais benéfica, deve ser aplicada a lei que produzir o resultado mais vantajoso ao agente, retroagindo se necessário, conforme a diretriz do **princípio da retroatividade da lei mais benéfica**. Ressaltamos que esse princípio também deverá incidir sobre eventual **lei intermediária** que beneficie o réu, isto é, lei que vigorou entre a lei revogada mais severa e a lei vigente mais severa.

» ***Abolitio criminis*** – No caso de *abolitio criminis*, a nova lei exclui do direito penal um fato que era considerado crime, ou seja, trata-se de causa de extinção da punibilidade, devendo retroagir.

2.6.2 Lei excepcional e lei temporária

O art. 3º do Código Penal assim prevê: "A lei excepcional ou temporária, embora decorrido o período de sua duração ou cessadas as circunstâncias que a determinaram, aplica-se ao fato praticado durante sua vigência" (Brasil, 1940).

Lei excepcional é aquela elaborada para aplicação a fatos que ocorreram em determinadas circunstâncias excepcionais (exemplos: guerra, calamidades etc.).

Quando a lei incidir sobre fatos ocorridos apenas durante certo período de tempo, estaremos diante de uma lei **temporária**.

Essas leis são autorrevogáveis pela superveniência do dia previsto (no caso de lei temporária) e pela cessação da situação de anormalidade (no caso de lei excepcional). No entanto, tais leis serão aplicadas aos fatos praticados mesmo após terem perdido sua vigência, pois têm ultratividade.

Mãos à obra

1) (Cespe – 2018 – EBSERH) Com referência à lei penal no tempo, ao erro jurídico-penal, ao concurso de agentes e aos sujeitos da infração penal, julgue o item que se segue.
Situação hipotética: Um crime foi praticado durante a vigência de lei que cominava pena de multa para essa conduta. Todavia, no decorrer do processo criminal, entrou em vigor nova lei, que, revogando a anterior, passou a atribuir ao referido crime a pena privativa de liberdade.
Assertiva: Nessa situação, dever-se-á aplicar a lei vigente ao tempo da prática do crime.
( ) Certo
( ) Errado

2.6.3 Conflito aparente de normas

Não se pode confundir o conflito de leis penais no tempo com o conflito aparente de normas.

O conflito de leis penais no tempo, como já destacamos, é regulado pelo direito intertemporal. Nesse sentido, mais de uma lei poderá regular o mesmo fato, mas será aplicada apenas aquela que ainda vigora, visto que a outra se encontra revogada e, dessa forma, já perdeu sua eficácia.

No conflito aparente de normas, por sua vez, duas ou mais disposições estão vigentes, devendo ser aplicada a mais adequada ao caso concreto.

Portanto, surge o conflito aparente de normas na hipótese de um fato concreto estar enquadrado, aparentemente, em mais de um tipo penal, pressupondo a unidade de fato e a pluralidade de normas.

Nesse caso, para evitar o *bis in idem*, ou seja, para que não sejam aplicadas várias normas ao mesmo fato, caberá ao intérprete se socorrer dos princípios da especialidade, da consunção, da subsidiariedade ou da alternatividade.

■ Princípio da especialidade
(*lex specialis derogat generalis*)
Quando existir um conflito entre um tipo penal específico e um tipo penal genérico, prevalecerá o específico.

O tipo específico, por conter todos os elementos da norma geral além de outros que caracterizam a especialidade, deverá prevalecer na solução do conflito.

Exemplificando

1. Tipo geral – Art. 121 do Código Penal: homicídio = matar + alguém.
2. Tipo específico – Art. 123 do Código Penal: infanticídio = matar + alguém + próprio filho, sob a influência do estado puerperal, durante o parto ou logo após (elementos específicos).

■ Princípio da subsidiariedade
(*lex primaria derogat legi sbsidiariae*)
Nesse caso, haverá uma norma que descreve de forma mais ampla a violação a um bem jurídico (lei primária) e uma norma menos ampla (lei subsidiária) que tipifica um crime menos grave e corresponde à parte da execução do crime descrito na lei primária, ou seja, o crime previsto na lei subsidiária está inserido no crime descrito na lei primária (relação de conteúdo e continente).

A solução para o conflito reside na aplicação da norma que prevê o maior grau de violação (lei primária), e a subsidiariedade poderá ser expressa ou tácita.

Será **expressa** quando a norma declarar "se o fato não constituir crime mais grave". Como exemplo, citamos o art. 132 do Código Penal: "Expor a vida ou a saúde de outrem a perigo direto e iminente: Pena – detenção, de três meses a um ano, **se o fato não constitui crime mais grave**" (Brasil, 1940, grifo nosso).

Por outro lado, será **tácita** quando o crime definido por uma norma se constituir em elemento ou circunstância legal de outro crime. Exemplos: constrangimento ilegal (art. 146 do Código Penal), subsidiário diante do estupro (art. 213 do Código Penal).

■ Princípio da consunção ou da absorção
(*lex consumens derogat legi consumptae*)
Ocorre quando um fato definido por uma norma incriminadora é meio ou fase de preparação ou execução de outro crime, ou seja, o fato mais amplo e grave consome/absorve os demais fatos menos amplos e graves.

Diferencia-se do princípio da especialidade, pois neste a comparação entre as normas acontece de forma abstrata, ao passo que, na consunção, comparam-se os fatos concretos e aplica-se a lei que disciplina o fato mais grave.

Conforme ensina Dotti (2010, p. 365), "ao contrário do que ocorre com a relação especialidade, o reconhecimento da consunção depende de uma verificação em cada caso concreto, através da comparação qualitativa dos bens jurídicos violados".

O princípio da subsidiariedade, por sua vez, também não se confunde com o princípio da consunção. Na subsidiariedade, comparam-se as leis em razão do fato concreto e aplica-se a mais ampla (norma primária), já na consunção, comparam-se os fatos, identificando-se o fato mais amplo, completo e grave, em que o fato principal absorve o acessório considerando apenas a lei que o disciplina.

O princípio da consunção, em regra, deverá ser observado nas situações de crime complexo, crime progressivo, progressão criminosa e atos impuníveis. Conforme Masson (2012), vejamos:

» **Crime complexo** – Decorre da fusão de dois ou mais crimes, tal como verificado no roubo, hipótese em que ocorre a união entre os delitos de furto e ameaça ou lesão corporal. Convém destacar posição doutrinária que defende não se tratar de consunção: "o crime complexo constitui verdadeiro concurso de crimes, ainda que pela escolha técnico-legislativa exista a opção de castigar a atuação do agente pela figura final, que deverá prevalecer, por estabelecer uma valoração conjunta dos fatos em concurso" (Masson, 2012, p. 132).

» **Crime progressivo** – Caracteriza-se pelo fato de o agente desejar, desde o início, o resultado mais grave e, para alcançar seu objetivo, pratica atos reiterados (crimes de ação de passagem) até o ato final gerador do resultado danoso, o qual consome os anteriores. Exemplo: lesões corporais ficam absorvidas pelo crime de homicídio.

» **Progressão criminosa** – Nesse caso, haverá alteração do dolo do agente que, inicialmente, pretendia um resultado menos danoso e, ao atingi-lo, prossegue na prática ilícita, produzindo um crime mais grave. O crime produzido ao final e mais grave absorve os demais atos.

» **Fatos impuníveis:**
  » fato anterior impunível (ou *antefactum* impunível) – trata-se de fatos que são indispensáveis para a prática do delito posterior, funcionando como meios de execução do tipo principal que os absorve, como, por exemplo, o porte de arma em relação ao homicídio cometido com tal instrumento;
  » fato posterior impunível (ou *post factum* impunível) – ocorre quando o agente realiza nova conduta posterior ao resultado almejado e alcançado, praticando nova violação ao mesmo bem jurídico, como, por exemplo, um furto com posterior dano ao objeto furtado (arts. 155 e 163 do Código Penal).

■ Princípio da alternatividade

Esse princípio deve ser observado em infrações penais de ação múltipla ou conteúdo variado, ou seja, quando se tratar de norma incriminadora que descreve mais de uma modalidade de realização da figura típica.

O agente que pratica mais de um verbo do mesmo tipo penal, em um mesmo contexto fático, só responderá por um crime. No entanto, ressaltamos que o juiz deve considerar as diversas condutas do agente na dosimetria da pena.

Como exemplo da aplicação do princípio da alternatividade, destacamos o crime de tráfico de entorpecentes, previsto na Lei n. 11.343/2006, pelo qual responderá o agente por um só crime, ainda que tenha realizado mais de uma das condutas descritas no tipo penal. Vejamos:

> Art. 33. *Importar, exportar, remeter, preparar, produzir, fabricar, adquirir, vender, expor à venda, oferecer, ter depósito, transportar, trazer consigo, guardar, prescrever, ministrar, entregar a consumo ou fornecer drogas, ainda que gratuitamente, sem autorização ou em desacordo com determinação legal ou regulamentar.*
>
> *Pena – reclusão de 5 a 15 anos e pagamento de 500 a 1.500 dias-multa.* (Brasil, 2006)

Mãos à obra

2) (FGV – 2015 – TJ-RO) Henrique, não aceitando o fim do relacionamento, decide matar Paola, sua ex-namorada. Para tanto, aguardou na rua a saída da vítima do trabalho e, após, desferiu-lhe diversas facadas na barriga, sendo estas lesões a causa eficiente de sua morte. Foi identificado por câmeras de segurança, porém, e denunciado pela prática de homicídio consumado. Em relação ao crime de lesão corporal, é correto afirmar que Henrique não foi denunciado com base no princípio da:

a. especialidade;
b. subsidiariedade expressa;
c. alternatividade;
d. subsidiariedade tácita;
e. consunção.

2.6.4 Tempo do crime

Importante marco na aplicação da lei penal diz respeito ao tempo do crime e à identificação do momento em que se considera praticado o crime. Sobre o assunto, três teorias foram desenvolvidas (Masson, 2012):

» **Teoria da atividade** – Considera-se praticado o crime no momento da conduta (ação ou omissão), pouco importando o momento do resultado.

» **Teoria do resultado** – Considera-se praticado o crime no momento em que o resultado se consuma, sendo irrelevante a ocasião da conduta.

» **Teoria mista ou da ubiquidade** – O momento do crime é tanto o da conduta quanto o do resultado.

Em seu art. 4º, o Código Penal adotou a **teoria da atividade**: "Considera-se praticado o crime no momento da ação ou omissão, ainda que outro seja o momento do resultado" (Brasil, 1940). Portanto, em regra, aplica-se a lei vigente ao tempo da conduta, exceto nos casos em que se deva aplicar a lei posterior mais benéfica, pois deve prevalecer o princípio da retroatividade da lei mais benéfica.

Com relação às consequências da adoção da teoria da atividade, algumas considerações se fazem necessárias:

» A **imputabilidade** deve ser apurada no momento da conduta. Dessa forma, a menoridade penal (menor de 18 anos) deve ser considerada no momento da ação do agente, sendo irrelevante se o resultado ocorreu posteriormente, quando o agente já havia completado 18 anos. Exemplo: se um menor de 18 anos desfere facadas na vítima e esta vem a falecer dias depois, quando o agente já havia atingido a maioridade, deve ser aplicado o Estatuto da Criança e do Adolescente, e não o Código Penal, já que ele era inimputável no momento da conduta.

» Em **crimes permanentes**, quando a conduta criminosa teve início na vigência de uma lei e prosseguiu durante a vigência de outra, aplica-se a nova lei, ainda que mais severa, considerando que não cessou a lesão ao bem jurídico tutelado durante a vigência da nova lei. O mesmo ocorre nos **crimes continuados**, em que se aplica a nova lei a todos os crimes praticados durante a vigência da lei revogada e na vigência da lei nova, já que, em virtude da adoção da teoria da ficção jurídica, trata-se de uma unidade delitiva. O Supremo Tribunal Federal firmou tese nesse sentido editando a Súmula n. 711: "A lei penal mais grave aplica-se ao crime continuado ou ao crime permanente, se a sua vigência é anterior à cessação da continuidade ou da permanência" (Brasil, 2003b).

Mãos à obra

3) (Vunesp – 2018 – PC-BA) Assinale a alternativa que indica a teoria adotada pela legislação quanto ao tempo do crime:
   a. Retroatividade.
   b. Atividade.
   c. Territorialidade.
   d. Ubiquidade.
   e. Extraterritorialidade.

4) (FGV – 2018 – TJ-AL) No dia 02.01.2018, Jéssica, nascida em 03.01.2000, realiza disparos de arma de fogo contra Ana, sua inimiga, em Santa Luzia do Norte, mas terceiros que presenciaram os fatos socorrem Ana e a levam para o hospital em Maceió. Após três dias internada, Ana vem a falecer, ainda no hospital, em virtude exclusivamente das lesões causadas pelos disparos de Jéssica. Com base na situação narrada, é correto afirmar que Jéssica:
   a. não poderá ser responsabilizada criminalmente, já que o Código Penal adota a Teoria da Atividade para definir o momento do crime e a Teoria da Ubiquidade para definir o lugar;
   b. poderá ser responsabilizada criminalmente, já que o Código Penal adota a Teoria do Resultado para definir o momento do crime e a Teoria da Atividade para definir o lugar;
   c. poderá ser responsabilizada criminalmente, já que o Código Penal adota a Teoria da Ubiquidade para definir o momento do crime e a Teoria da Atividade para definir o lugar;
   d. não poderá ser responsabilizada criminalmente, já que o Código Penal adota a Teoria da Atividade para definir o momento do crime e apenas a Teoria do Resultado para definir o lugar;
   e. poderá ser responsabilizada criminalmente, já que o Código Penal adota a Teoria do Resultado para definir o momento do crime e a Teoria da Ubiquidade para definir o lugar.

2.7 Lei penal no espaço

O Código Penal brasileiro adota a territorialidade como regra de delimitação ao campo de validade da lei penal, admitindo-se exceções legais às quais será aplicada a extraterritorialidade.

O Brasil adotou, relativamente à lei penal no espaço, o **princípio da territorialidade temperada ou mitigada**. Com fundamento nesse princípio, ao crime praticado no território nacional aplica-se a lei brasileira e, em casos excepcionais, autorizados pela legislação, a lei penal brasileira poderá alcançar crimes praticados fora do território nacional. Nesse sentido, o art. 5º do Código Penal assim dispõe: "Aplica-se a lei brasileira, sem prejuízo de convenções, tratados e regras de direito internacional, ao crime cometido no território nacional" (Brasil, 1940).

2.7.1 Conceito de território nacional

Por *território*, no sentido jurídico, deve-se compreender todo o espaço em que o Brasil exerce sua soberania, que abrange:
- » os limites compreendidos pelas fronteiras nacionais;
- » o mar territorial brasileiro (faixa que compreende o espaço de 12 milhas contadas da faixa litorânea média – art. 1º da Lei n. 8.617/1993);
- » todo o espaço aéreo subjacente ao nosso território e ao mar territorial nacional (princípio da absoluta soberania do país subjacente – Código Brasileiro da Aeronáutica, Lei n. 7.565/1986, art. 11, e Lei n. 8.617/1993, art. 2º);

» as aeronaves e embarcações:
  » brasileiras privadas, em qualquer lugar que se encontrem, salvo em mar territorial estrangeiro ou sobrevoando território estrangeiro;
  » brasileiras públicas, onde quer que se encontrem.

É importante destacar o que prevê o Código Penal sobre o tema quando define **território brasileiro por extensão**:

Art. 5º [...]

§ 1º Para os efeitos penais, consideram-se como extensão do território nacional as embarcações e aeronaves brasileiras, de natureza pública ou a serviço do governo brasileiro onde quer que se encontrem, bem como as aeronaves e as embarcações brasileiras, mercantes ou de propriedade privada, que se achem, respectivamente, no espaço aéreo correspondente ou em alto-mar. (Brasil, 1940)

Ainda, algumas ressalvas são pertinentes:

» **Princípio da reciprocidade** – De acordo com esse princípio, embarcações e aeronaves estrangeiras, de natureza pública ou a serviço do governo estrangeiro, são consideradas extensão do território estrangeiro, mesmo estando em território brasileiro.
» **Passagem inocente** – A Lei n. 8.627, de 19 de fevereiro de 1993, em seu art. 3º, dispõe sobre o direito de passagem inocente, admitindo a passagem no mar territorial de navios de todas as nacionalidades, desde que não seja prejudicial à paz, à boa ordem ou à segurança do Brasil, devendo ser contínua e rápida, embora sujeito ao poder de polícia do Brasil (Brasil, 1993).
» **Embaixadas** – Para fins penais, as embaixadas estrangeiras situadas no território brasileiro não são consideradas extensão do território estrangeiro.

2.7.2 Lugar do crime (*locus commissi delicti*)

Para a aplicação do princípio da territorialidade, é necessário identificar o lugar do crime. Nesse sentido, foram desenvolvidas algumas teorias (Masson, 2012):

- » **Teoria da atividade ou da ação** – Lugar do crime é o lugar onde foi praticada a conduta (ação ou omissão).
- » **Teoria do resultado** – Lugar do crime é aquele em que se produziu ou deveria ser produzido o resultado, pouco importando o local onde foi praticada a conduta.
- » **Teoria pura da ubiquidade, mista ou unitária** – Lugar do crime é tanto aquele em que foi praticada a conduta (ação ou omissão) quanto aquele em que se produziu ou deveria produzir-se o resultado.

A teoria adotada pelo Código Penal, em seu art. 6º, é a da **ubiquidade**: "Considera-se praticado o crime no lugar em que ocorreu a ação ou omissão, no todo ou em parte, bem como onde se produziu ou deveria produzir-se o resultado" (Brasil, 1940).

Dessa forma, no Brasil, somente é relevante a discussão quanto ao local do crime caso se trate dos chamados ***crimes a distância*** ou ***de espaço máximo*** – aqueles cuja execução se inicia no território de um país e a consumação ocorre ou deveria ocorrer em outro, ou seja, exige-se a pluralidade de países.

Para que a lei brasileira seja aplicada, é suficiente que um ato executório ou o resultado ocorra no Brasil, admitindo-se a tentativa, já que a norma assim dispõe sobre o lugar do crime: "ou deveria produzir-se o resultado" (Brasil, 1940, art. 6º).

Vejamos algumas ressalvas quanto à aplicação da teoria da ubiquidade:

- » **Crimes plurilocais** – Para hipóteses de crimes em que a conduta ocorreu em uma comarca e o resultado em outra (**comarcas diversas no mesmo país**), deverá incidir a regra do art. 70, *caput*, do Código de Processo Penal, que estabelece que a competência será determinada pelo lugar em que se consumar a infração ou, no caso de tentativa, pelo local em que for praticado o último ato de execução (Brasil, 1941b).
- » **Crimes dolosos contra a vida** – A jurisprudência tem admitido a aplicação da **teoria da atividade**, mesmo em casos de crimes em que o resultado *morte* ocorreu em comarca diversa de onde se praticou a conduta, em razão da conveniência para a instrução penal, pois será mais eficiente a produção de provas no local em que o crime foi praticado.
- » **Lei dos Juizados Especiais Criminais** – O art. 63 da Lei n. 9.099, de 26 de setembro de 1995, adotou a **teoria da atividade**: "A competência do Juizado será determinada pelo lugar em que foi praticada a infração penal" (Brasil, 1995).
- » **Estatuto da Criança e do Adolescente** – O art. 147, parágrafo 1º, da Lei n. 8.069, de 13 de julho de 1990, preceitua que, no caso de atos infracionais, será competente a autoridade do lugar da ação ou da omissão (Brasil, 1990a).

2.7.3 Extraterritorialildade

Extraterritorialidade é a aplicação da lei penal brasileira aos crimes cometidos no exterior, admitida pelo art. 7º do Código Penal: "Ficam sujeitos à lei brasileira, embora cometidos no estrangeiro: [...]" (Brasil, 1940).

■ **Extraterritorialidade condicionada, incondicionada e hipercondicionada**

A extraterritorialidade será condicionada ou incondicionada a depender das circunstâncias legais estabelecidas no art. 7º do Código Penal, havendo, ainda, uma hipótese em que os doutrinadores classificam como extraterritorialidade hipercondicionada.

Será **incondicionada** quando admitir a aplicação da legislação nacional a determinados crimes cometidos fora do território sem observar qualquer condição, ainda que o acusado seja absolvido ou condenado no estrangeiro. As hipóteses encontram-se no art. 7º, inciso I, do Código Penal:

> *Art. 7º Ficam sujeitos à lei brasileira, embora cometidos no estrangeiro:*
>
> *I – os crimes:*
> *a) contra a vida ou a liberdade do Presidente da República;*
> *b) contra o patrimônio ou a fé pública da União, do Distrito Federal, de Estado, de Território, de Município, de empresa pública, sociedade de economia mista, autarquia ou fundação instituída pelo Poder Público;*
> *c) contra a administração pública, por quem está a seu serviço;*
> *d) de genocídio, quando o agente for brasileiro ou domiciliado no Brasil.* (Brasil, 1940)

A extraterritorialidade **condicionada,** prevista no art. 7º, inciso II e parágrafos 2º e 3º, do Código Penal, por sua vez, admite a aplicação da legislação brasileira aos crimes praticados fora do território brasileiro:

Art. 7º Ficam sujeitos à lei brasileira, embora cometidos no estrangeiro:

[...]

II – os crimes:
a) que, por tratado ou convenção, o Brasil se obrigou a reprimir;
b) praticados por brasileiros;
c) praticados em aeronaves ou embarcações brasileiras, mercante ou de propriedade privada, quando em território estrangeiro e aí não sejam julgados.

[...]

§ 2º Nos casos do inciso II, a aplicação da lei brasileira depende do **concurso das seguintes condições:**
a) entrar o agente no território nacional;
b) ser o fato punível também no país em que foi praticado;
c) estar o crime incluído entre aqueles pelos quais a lei brasileira autoriza a extradição;
d) não ter sido o agente absolvido no estrangeiro ou não ter aí cumprido a pena;
e) não ter sido o agente perdoado no estrangeiro ou, por outro motivo, não estar extinta a punibilidade, segundo a lei mais favorável. (Brasil, 1940, grifo nosso)

Ainda, prevê o parágrafo 3º do art. 7º do Código Penal que a lei brasileira aplica-se também ao crime cometido por estrangeiro contra brasileiro fora do Brasil se, reunidas as condições anteriores, ainda não foi pedida ou negada a extradição e houve requisição do Ministro da Justiça (Brasil, 1940). Trata-se de hipótese de extraterritorialidade **hipercondicionada**, pois impõe duas outras condições específicas.

■ Princípios da extraterritorialidade
A doutrina destaca alguns princípios que justificam a aplicação da extraterritorialidade:
> » **Princípio da justiça penal universal ou cosmopolita** – Refere-se à hipótese em que a gravidade do crime ou a importância do bem jurídico violado justificam a punição do fato, independentemente do local em que foi praticado e da nacionalidade do agente (Código Penal, art. 7º, I, "d", e II, "a").
> » **Princípio real, da proteção ou da defesa** – Aplica-se a lei nacional sempre que a ofensa for a um bem jurídico nacional de origem pública (Código Penal, art. 7º, I, "a", "b" e "c").
> » **Princípio da personalidade ou nacionalidade ativa** – A lei pátria aplica-se aos brasileiros em qualquer lugar que o crime tenha ocorrido, observando-se as condições impostas pela lei (Código Penal, art. 7º, II, "b").
> » **Princípio da personalidade ou nacionalidade passiva** – Se a vítima for brasileira, ao país interessa punir o autor do crime, hipótese de extraterritorialidade hipercondicionada (Código Penal, art. 7º, § 3º).
> » **Princípio da representação ou da bandeira** – A lei brasileira aplica-se aos crimes praticados em aeronaves ou embarcações, mercantes ou de propriedade privada, que carreguem nossa bandeira, quando não forem julgados no território estrangeiro (Código Penal, art. 7º, II, "c").

■ Extraterritorialidade na lei de tortura
A Lei n. 9.455, de 7 de abril de 1997, que tipifica o crime de tortura, estabelece, em seu art. 2º, que seus dispositivos se aplicam "ainda quando o crime não tenha sido cometido em

território nacional, sendo a vítima brasileira ou encontrando-se o agente em local sob jurisdição brasileira" (Brasil, 1997), sendo um caso de extraterritorialidade prevista em lei especial.

■ **Pena cumprida no estrangeiro**
Se o agente for condenado no estrangeiro e no Brasil pela prática do mesmo crime, deve-se evitar a dupla punição (*non bis in idem*).

O art. 8º do Código Penal impõe a detração penal, ou seja, a pena cumprida no estrangeiro atenua a pena imposta no Brasil pelo mesmo crime quando diversas, ou nela é computada quando idênticas (Brasil, 1940).

2.7.4 A lei penal e as pessoas

Adotando o princípio da territorialidade mitigada, nosso ordenamento, no art. 5º, *caput*, do Código Penal, determina que "aplica-se a lei brasileira, sem prejuízo de convenções, tratados e regras de direito internacional, ao crime cometido no território nacional" (Brasil, 1940). Dessa forma, autorizou-se que sejam acatadas as exceções previstas em tratados e regras de direito internacional, a exemplo da imunidade diplomática.

Outra importante consideração sobre a aplicação da lei penal quanto às pessoas diz respeito às imunidades parlamentares, que estão previstas na Constituição Federal de 1988.

■ **Imunidades diplomáticas**
De acordo com o disposto na Convenção de Viena sobre Relações Diplomáticas, assinada pelo Brasil, aprovada pelo Decreto Legislativo n. 103/1964 e promulgada pelo Decreto n. 56.435, de 8 de junho de 1965, a legislação brasileira acatou a imunidade de jurisdição penal aos diplomatas, aos agentes

diplomáticos e aos funcionários das organizações internacionais (Brasil, 1965).

O princípio da reciprocidade justifica a adoção pelo Brasil das regras sobre imunidade diplomática dos agentes de países que também assim procedem com relação ao corpo diplomático brasileiro.

O **diplomata** não pode ser processado criminalmente, sendo inviolável, não podendo ser objeto de alguma forma de detenção ou prisão. Trata-se de imunidade de jurisdição penal, que alcança toda e qualquer espécie de delito, sujeitando-o à jurisdição do Estado que representa.

Tal garantia estende-se aos agentes diplomáticos e aos membros do quadro administrativo e técnico quando em serviço, bem como a seus familiares.

A inviolabilidade pessoal decorrente da imunidade de jurisdição penal aplica-se, de igual forma, aos chefes de governos estrangeiros e aos ministros das Relações Exteriores.

Por sua vez, aos **cônsules** não se aplica a imunidade penal com relação a todos os crimes, somente atingirá os atos de ofício, podendo ser processados e condenados por outros crimes.

▌Imunidades parlamentares

Imunidades parlamentares são algumas prerrogativas conferidas pela CF de 1988 aos parlamentares visando à proteção do exercício do mandato de forma livre e independente.

» **Imunidade material (inviolabilidade)** – "Os Deputados e Senadores são invioláveis, civil e penalmente, por quaisquer de suas opiniões e votos" (CF de 1988, art. 53, *caput* – Brasil, 1988).

- » **Imunidade formal (imunidade processual ou adjetiva):**
  - » relativa à prisão – "desde a expedição do diploma, os membros do Congresso Nacional não poderão ser presos, salvo em flagrante de crime inafiançável. Nesse caso, os autos serão remetidos dentro de vinte e quatro horas à Casa respectiva, para que, pelo voto da maioria de seus membros, resolva sobre a prisão" (CF de 1988, art. 53, § 2º – Brasil, 1988);
  - » relativa ao processo – "recebida a denúncia contra o Senador ou Deputado, por crime ocorrido após a diplomação, o Supremo Tribunal Federal dará ciência à Casa respectiva, que, por iniciativa de partido político nela representado e pelo voto da maioria de seus membros, poderá até a decisão final, sustar o andamento da ação" (CF de 1988, art. 53, § 3º – Brasil, 1988).

O art. 53 da CF de 1988 trata expressamente da imunidade dos deputados federais e dos senadores, porém, tais imunidades também se aplicam aos deputados estaduais por determinação constitucional, pois a Constituição previu que estes têm as mesmas imunidades que os parlamentares federais (Brasil, 1988).

Quanto aos vereadores, a CF de 1988 trouxe regulamento específico no art. 29, inciso VIII, ao dispor que são invioláveis os vereadores: "por suas opiniões, palavras e votos no exercício do mandato e na circunscrição do Município" (Brasil, 1988). Portanto, eles não gozam de imunidade formal, apenas de imunidade material, desde que no exercício do mandato e dentro do município.

■ Imunidade do presidente da República

Por sua vez, o art. 86 da CF de 1988 regulamenta a imunidade do presidente da República.

Tratando-se de infração penal não funcional praticada no curso do mandado ou, ainda, de infração penal comum praticada antes do início do mandato, o presidente da República não poderá ser responsabilizado. É uma imunidade temporária, prevista no parágrafo 4º do art. 86 da Constituição Federal (Brasil, 1988).

No entanto, se for o caso de infração penal comum no curso do mandato, mas em razão do exercício de suas funções, não haverá imunidade, e o julgamento ocorrerá após admitida a acusação por 2/3 da Câmara dos Deputados, sendo submetido a julgamento pelo Supremo Tribunal Federal (Brasil, 1988, art. 86, *caput* e § 4º).

Com relação à infração político-administrativa (crimes de responsabilidade previstos na Lei n. 1.079/1950), também não haverá imunidade, mas o julgamento de igual forma ocorrerá somente depois de admitida a acusação por 2/3 da Câmara dos Deputados e, nesse caso, o julgamento será no Senado Federal (CF de 1988, art. 85, *caput*, e art. 86, *caput*).

O presidente da República goza, ainda, de imunidade à prisão, conforme prevê o parágrafo 3º do art. 86 da CF de 1988: "enquanto não sobrevier sentença condenatória, nas infrações comuns, o Presidente da República não estará sujeito à prisão" (Brasil, 1988).

Mãos à obra

5) (UERR – 2018 – Setrabes) Constitui hipótese de aplicação da lei penal brasileira, independente de qualquer condição, a mera prática de delito em outro país que não o Brasil, **exceto** os crimes:
   a. praticados por brasileiros.
   b. contra a vida ou liberdade do Presidente da República.
   c. contra o patrimônio ou a fé pública da união, do DF, de Estado, Território ou Município.
   d. contra a administração pública, por quem está a seu serviço.
   e. de genocídio, quando o agente for brasileiro ou domiciliado no Brasil.

2.8 Eficácia de sentença estrangeira

Sobre o tema, assim dispõe o art. 9º do Código Penal:

> Art. 9º A sentença estrangeira, quando a aplicação da lei brasileira produz na espécie as mesmas consequências, pode ser homologada no Brasil para:
> I) obrigar o condenado à reparação do dano, a restituições e a outros efeitos civis;
> II) sujeitá-lo a medida de segurança. (Brasil, 1940)

Conforme dispõe a CF de 1988, a homologação da sentença estrangeira deve ser realizada pelo Superior Tribunal de Justiça (Brasil, 1988, art. 105, I, "i"), dependendo de pedido da parte interessada no caso do inciso I e, para os outros efeitos, da existência de tratados de extradição com o país de cuja autoridade judiciária emanou a sentença ou, na falta de tratado, de requisição do Ministro da Justiça (Brasil, 1988).

2.9 Contagem de prazo

No direito penal, o prazo tem importância quanto ao cumprimento da pena, devendo favorecer o acusado. Portanto, o dia do começo inclui-se no cômputo do prazo, diferentemente da contagem prevista no Código de Processo Penal, segundo o qual se exclui o dia do começo da contagem dos prazos (Brasil, 1941b, art. 798, § 1º).

Pelo mesmo fundamento, de favorecimento ao réu, a incidência da prescrição e da decadência deve observar a regra prevista no art. 10 do Código Penal: "O dia do começo inclui-se no cômputo do prazo. Contam-se os dias, os meses e os anos pelo calendário comum" (Brasil, 1940).

2.10 Frações não computáveis de pena

Regra importante quanto à aplicação da pena encontra-se no art. 11 do Código Penal, conforme a qual se desprezam, nas penas privativas de liberdade e nas penas restritivas de direitos, as frações de dia, e, na pena de multa, as frações da unidade monetária vigente.

2.11 Aplicação subsidiária do Código Penal

Nos termos do art. 12, as regras gerais do Código Penal aplicam-se aos fatos incriminados por lei especial se esta não dispuser de modo diverso. Assim, tais regras têm aplicação subsidiária em relação às leis especiais.

Mãos à obra

6) (Vunesp – 2018 – PC-BA) Sobre a territorialidade e a extraterritorialidade da lei penal, previstas nos artigos 5º e 7º do Código Penal, assinale a alternativa correta:
   a. Ao crime cometido no território nacional, aplica-se a lei brasileira, independentemente de qualquer convenção, tratado ou regra de direito internacional.
   b. Ao autor de crime praticado contra a liberdade do Presidente da República quando em viagem a país estrangeiro, aplica-se a lei do país em que os fatos ocorrerem.
   c. Embarcação brasileira a serviço do governo brasileiro, para os efeitos penais, é considerada extensão do território nacional.
   d. Crime cometido no estrangeiro, praticado por brasileiro, fica sujeito à lei brasileira independentemente da satisfação de qualquer condição.
   e. Aplica-se a lei brasileira ao crime cometido por estrangeiro contra brasileiro fora do Brasil, independentemente da satisfação de qualquer condição.

Para saber mais

MASSON, C. **Código Penal comentado**. 2. ed. Rio de Janeiro: Forense; São Paulo: Método, 2014.

Consulte os arts. 2º ao 9º da obra indicada, nos quais o autor aprofunda os aspectos abordados neste capítulo, bem como seleciona jurisprudência correspondente, facilitando uma melhor compreensão.

Síntese

Neste capítulo, tratamos da aplicação da lei penal. Para tanto, destacamos, primeiramente, suas classificações e suas características, como exclusividade, imperatividade, impessoalidade e generalidade. Abordamos também o conceito de lei penal em branco e suas espécies, a interpretação da lei penal e suas classificações, além da analogia como forma de suprir lacunas.

Quanto à lei penal no tempo e no espaço, apontamos as teorias adotadas pelo Código Penal. Discorremos sobre as respectivas formas de interpretação quanto ao sujeito, aos meios e aos resultados. No que se refere ao conflito de leis penais no tempo, apresentamos os princípios dos quais o intérprete se socorrerá para solucionar eventual conflito de normas, tais como os da especialidade, da subsidiariedade, da consunção e da alternatividade, tecendo considerações sobre a lei excepcional e a lei temporária.

Com relação à lei penal no espaço, tratamos de seus aspectos mais relevantes, como a territorialidade e a extraterritorialidade, explicando os princípios relacionados à extraterritorialidade adotados pelo Código Penal, as situações de aplicação da lei vigente no território nacional mesmo quando já houver incidência de aplicação de lei estrangeira ao mesmo fato, bem como a aplicação da extraterritorialidade ao crime de tortura. Por fim, analisamos a aplicação da lei penal quanto às pessoas, ou seja, nos casos de imunidade diplomática e seu alcance, de imunidade parlamentar prevista na Constituição Federal, ressaltando as hipóteses de incidência no caso de membros do Congresso Nacional, de deputados estaduais e de vereadores, e, ao final, a hipótese constitucional de imunidade do presidente da República.

Questões para revisão

1) O preceito secundário no tipo penal do crime de homicídio é:
    a. a pena prevista: "reclusão, de seis a vinte anos".
    b. o verbo do tipo penal: "matar".
    c. o artigo da lei: art. 121 do Código Penal.
    d. a conduta delitiva: "matar alguém".

2) A legítima defesa é uma norma penal não incriminadora:
    a. exculpante.
    b. interpretativa.
    c. permissiva.
    d. extensiva.

3) O crime de tráfico ilícito de drogas, previsto no art. 33 da Lei n. 11.343/2006, classifica-se como lei penal em branco:
    a. homogênea.
    b. heterogênea.
    c. em sentido amplo.
    d. inversa.

4) Nosso ordenamento jurídico admite a aplicação da analogia em direito penal?

5) Qual a teoria adotada pelo Código Penal para identificar o tempo do crime?

Questão para reflexão

1) Com o advento da Lei n. 13.497, de 26 de outubro de 2017, o crime de posse ou porte ilegal de arma de fogo de uso restrito, previsto no art. 16 do Estatuto do Desarmamento (Lei n. 10.826/2003) passou a ser considerado crime hediondo (Brasil, 2003a; Brasil, 2017). As condutas praticadas antes da vigência da Lei n. 13.497/2017 e ainda não julgadas sofrerão a incidência da Lei de Crime Hediondos (Lei n. 8.072/1990)?

III

Conteúdos do capítulo

» Teoria geral do crime.
» Fato típico, ilicitude e culpabilidade.
» Concurso de pessoas.

Após o estudo deste capítulo, você será capaz de:

1. compreender o conceito de crime e os elementos que o constituem, bem como as respectivas teorias;
2. diferenciar crime e contravenção penal;
3. identificar as diversas classificações doutrinárias de crime;
4. compreender a aplicação do direito penal no caso de concurso de pessoas.

3.1 Conceito de crime

Nossa legislação não apresenta um conceito expresso de crime. A tarefa tem sido realizada pela doutrina, que reúne uma série de conceitos levando em conta alguns aspectos (Masson, 2012):

» **Conceito material (substancial)** – Do ponto de vista material, *crime* pode ser definido como toda ação ou omissão consciente, voluntária e dirigida a uma finalidade, que causa lesão ou perigo de lesão ao bem jurídico.
» **Conceito jurídico-legal** – *Crime* é fato definido com tal pela lei.
» **Conceito formal (formal sintético)** – *Crime* é um fato humano contrário à lei penal sob ameaça de pena criminal.
» **Conceito analítico (dogmático ou formal analítico)** – Enfatiza os elementos ou os requisitos do crime. Duas grandes teorias se destacam no Brasil: a teoria tripartite, que afirma que *crime* é fato típico, antijurídico (ou ilícito) e culpável; e a teoria bipartite, que sustenta que *crime* é fato típico e antijurídico (ou ilícito).

3.1.1 Conceito dominante

O conceito analítico de crime apresenta duas vertentes: a primeira, defendida pela **teoria bipartite**, afirma que a culpabilidade não é elemento do crime, mas pressuposto de aplicação da pena (Azevedo; Salim, 2015).

A **teoria tripartite**, por sua vez, defende que a imputabilidade, a exigibilidade de conduta diversa e o potencial conhecimento da ilicitude constituem pressupostos da culpabilidade como elemento integrante do conceito analítico do crime, portanto, crime é fato típico, ilícito e culpável, posição que predomina na doutrina e na jurisprudência (Azevedo; Salim, 2015).

Quadro 3.1 – Conceito analítico de crime

Crime – Conceito tripartido		
Fato típico	Ilicitude	Culpabilidade
Crime – Conceito bipartido		
Fato típico	Ilicitude	

3.1.2 Crime *versus* contravenção penal

A legislação brasileira identifica infração penal como gênero, do qual são espécies o crime e a contravenção penal, adotando o critério bipartido.

A Lei de Introdução ao Código Penal (LICP – Decreto-Lei n. 3.914, de 9 de dezembro de 1941), em seu art. 1º, assim dispõe:

> *Art. 1º Considera-se crime a infração penal que a lei comina pena de reclusão ou de detenção, quer isoladamente, quer alternativa ou cumulativamente com a pena de multa; contravenção, a infração penal a que a lei comina, isoladamente, pena de prisão simples ou de multa, ou ambas, alternativa ou cumulativamente.*
> (Brasil, 1941c)

A distinção entre crime e contravenção, conforme declara a LICP, resulta da natureza da sanção aplicável e, em sintonia com essa previsão, em regra, as condutas mais graves são classificadas como crimes, e as mais brandas, como contravenção penal (Brasil, 1941c).

Comparando o Decreto-Lei n. 3.668, de 3 de outubro de 1941 (Brasil, 1941a) com o Código Penal (Brasil, 1940), verificamos algumas outras diferenças entre crime e contravenção penal:

- » **Tipo de pena privativa de liberdade:**
  - » crime – reclusão/detenção e/ou multa
  - » contravenção penal – prisão simples e/ou multa
- » **Ação penal:**
  - » crime – ação penal privada e ação penal pública (condicionada ou incondicionada)
  - » contravenção penal – ação penal pública incondicionada
- » **Tentativa:**
  - » crime – pune-se a tentativa
  - » contravenção penal – não se pune a tentativa
- » **Extraterritorialidade:**
  - » crime – admite a extraterritorialidade da lei penal
  - » contravenção penal – não admite a extraterritorialidade da lei penal
- » **Competência:**
  - » crime – Justiça Federal e Justiça Estadual
  - » contravenção penal – em regra, Justiça Estadual, exceto situação de foro por prerrogativa de função
- » **Pena máxima:**
  - » crime – 30 anos
  - » contravenção penal – 5 anos
- » *Sursis*:
  - » crime – período de prova: 2 a 4 anos ou 4 a 6 anos
  - » contravenção penal – período de prova: 1 a 3 anos

3.2 Classificação doutrinária de crimes

A doutrina classifica os crimes segundo as características das infrações penais. Nesta obra, voltaremos nossa atenção à classificação mais comum no direito penal.

3.2.1 Crime material, formal e de mera conduta

» **Crime material** – Descreve o resultado naturalístico (modificação do mundo exterior) e exige sua ocorrência para a consumação. Exemplo: homicídio.

» **Crime formal** – A consumação é antecipada, verificando-se quando ocorre a conduta e o resultado naturalístico é previsto, mas é dispensável. Exemplo: extorsão.

» **Crime de mera conduta** – Quando o tipo penal descreve apenas a conduta delituosa e não há previsão do resultado naturalístico, sendo este dispensável. Exemplo: porte ilegal de arma.

3.2.2 Crime comum, próprio e de mão própria

» **Crime comum** – Pode ser praticado por qualquer pessoa, não se exige qualidade especial do sujeito ativo. Exemplo: homicídio, roubo.

» **Crime próprio** – O tipo penal exige certas características do agente. Exemplo: corrupção passiva (agente-funcionário público).

» **Crime de mão própria** – Somente pode ser cometido por determinado agente designado no tipo penal, exigindo, portanto, uma atuação pessoal do sujeito ativo. Exemplo: falso testemunho.

3.2.3 Crime doloso, culposo e preterdoloso

» **Crime doloso** – Verifica-se sempre que o agente quiser o resultado (dolo direto) ou assumir o risco de produzi-lo (dolo eventual). Exemplo de dolo direto: o agente atira de forma certeira em determinada pessoa visando matá-la.

Exemplo de dolo eventual: o agente, dirigindo em alta velocidade, atinge pedestre em zona escolar.

» **Crime culposo** – Quando resultado não foi desejado ou aceito pelo agente, mas era previsível e decorre da não observância dos deveres de cuidado (imprudência, negligência ou imperícia). Exemplo: o médico, de forma negligente, troca a medicação receitada ao paciente, causando sua morte.

» **Crime preterdoloso** – O agente pratica o crime com dolo em relação ao fato antecedente e com culpa no que tange ao resultado agravante. Exemplo: lesão corporal seguida de morte.

3.2.4 Crime instantâneo, permanente e instantâneo de efeitos permanentes

» **Crime instantâneo** – Trata-se do crime que se consuma em momento determinado quando reunidos seus elementos (consumação imediata). Exemplo: homicídio.

» **Crime permanente** – Aquele em que a execução se protrai no tempo por determinação do sujeito ativo. Exemplo: extorsão mediante sequestro.

» **Crime instantâneos de efeitos permanentes** – A consumação ocorre em um momento determinado, de forma imediata, mas o resultado se prolonga no tempo. Exemplo: bigamia, homicídio.

3.2.5 Crime consumado e tentado

» **Consumado** – Segundo a definição contida no art. 14, inciso I, do Código Penal, considera-se consumado o crime em que se reúnam todos os elementos de sua definição legal (Brasil, 1940). Exemplo: lesão corporal.

» **Tentado** – Conforme a definição no art. 14, inciso II, do Código Penal, quando, iniciada a execução, o crime não se consumar por circunstâncias alheias à vontade do agente (Brasil, 1940). Exemplo: o agente é surpreendido pela polícia ao tentar entrar em uma residência para furtar os bens em seu interior.

3.2.6 Crime de dano e de perigo

» **Crime de dano** – Ocorre quando há efetiva lesão ao bem jurídico tutelado. Exemplo: furto, dano etc.
» **Crime de perigo** – Ocorre quando há a simples exposição do bem jurídico a perigo, podendo ser:
  » concreto – exige-se a efetiva comprovação de risco para o bem jurídico. Exemplo: crime de explosão.
  » abstrato ou presumido – a própria lei presume perigosa a ação, dispensando a comprovação de que houve perigo ao bem jurídico tutelado. Exemplo: porte de arma.

3.2.7 Crime simples, complexo, qualificado e privilegiado

» **Crime simples** – É o tipo penal básico, formado por apenas um tipo penal e sem conter circunstâncias que modifiquem a pena. Exemplo: homicídio (art. 121, *caput*, do Código Penal).
» **Crime complexo** – Trata-se do crime formado por meio da reunião entre dois ou mais tipos penais. Exemplo: roubo (furto + constrangimento ilegal).
» **Crime qualificado** – É o crime cuja pena sofre um agravamento em razão da maior gravidade da conduta, tornando a pena mais elevada do que a do tipo básico.

Exemplo: furto mediante concurso de duas ou mais pessoas.
» **Crime privilegiado** – Trata-se do crime com circunstância que torna a pena menos grave do que a do tipo básico. Exemplo: furto privilegiado pela primariedade do agente e pelo pequeno valor da coisa.

3.2.8 Crime plurissubjetivo e unissubjetivo

» **Crime plurissubjetivo** – O tipo exige dois ou mais agentes para configurar a conduta criminosa. As condutas podem ser paralelas (mesmo objetivo), divergentes (condutas são dirigidas uns contra os outros – ex: rixa) e condutas convergentes (condutas se encontram – ex: bigamia).
» **Crime unissubjetivo (monossubjetivo)** – O crime pode ser praticado por apenas uma ou por várias pessoas (concurso eventual de agentes). Exemplo: o crime de roubo pode ser praticado por um só agente ou por mais de um agente.

3.2.9 Crimes comissivo e omissivo e crime de conduta mista

» **Crime comissivo** – O tipo penal descreve uma ação proibida, ou seja, a norma penal é proibitiva. Exemplo: homicídio (art. 121 do Código Penal).
» **Crime omissivo próprio** – O tipo penal descreve uma conduta omissiva (não fazer), não há exigência de resultado naturalístico. Exemplo: omissão de socorro.

» **Crime omissivo impróprio (comissivo por omissão)** – O agente deixa de evitar o resultado quando poderia e deveria agir, conforme dispõe o art. 13, parágrafo 2º, do Código Penal (Brasil, 1940). Exemplo: salva-vidas que dolosamente deixa de evitar a morte de uma pessoa que estava se afogando.

» **Crime de conduta mista** – O tipo penal descreve dois comportamentos (uma ação seguida de uma omissão). Exemplo: apropriação de coisa achada (art. 169, parágrafo único, II, do Código Penal).

3.2.10 Crime unissubsistente e plurissubsistente

» **Crime unissubsistente** – Não admite o fracionamento da conduta, consuma-se com a prática de um só ato, portanto, não admite tentativa. Exemplo: injúria verbal.

» **Crime plurissubsistente** – Consuma-se com a prática de um ou vários atos, a conduta pode ser fracionada, portanto, admite-se tentativa. Exemplo: roubo.

3.2.11 Crime transeunte e crime não transeunte

» **Crime transeunte** – É aquele que não deixa vestígios, não havendo necessidade de exame pericial. Exemplo: injúria.

» **Crime não transeunte** – É aquele que deixa vestígios, realizando-se o exame de corpo de delito para constatar a materialidade. Exemplo: homicídio, lesão corporal.

3.3 Sujeitos do crime

Sujeitos do crime são as pessoas ou os entes envolvidos na conduta criminosa e em suas consequências. São classificados em sujeito passivo e sujeito ativo.

3.3.1 Sujeito ativo

A **pessoa física** capaz e com 18 anos completos que pratica a infração penal é o sujeito ativo do crime.

Pode ser aquele que realiza o verbo típico (executa) ou aquele que tem o domínio finalista do fato (autor funcional segundo a teoria do domínio do fato), ou, ainda, aquele que concorre de alguma forma para o crime como partícipe, induzindo, instigando ou prestando auxílio. Assim dispõe o *caput* do art. 29 do Código Penal: "Quem, de qualquer modo, concorre para o crime incide nas penas a este cominadas, na medida de sua culpabilidade (Brasil, 1940).

Quanto à possibilidade de a **pessoa jurídica** figurar como sujeito ativo do crime, cumpre destacar algumas disposições legais a respeito.

A Constituição Federal (CF) de 1988, no art. 225, parágrafo 3º, dispõe, expressamente, que: "As condutas e atividades consideradas lesivas ao meio ambiente sujeitarão os infratores, pessoas físicas ou **jurídicas, a sanções penais e** administrativas, independentemente da obrigação de reparar os danos causados" (Brasil, 1988, grifo nosso).

Por sua vez, a Lei 9.605, de 12 de fevereiro de 1998 (Lei dos Crimes Ambientais) enuncia, em seu art. 3º, *caput*: "As pessoas jurídicas serão responsabilizadas administrativa, civil e **penalmente** conforme o disposto nesta Lei, nos casos em que a infração seja cometida por decisão de seu representante legal ou contratual, ou de seu órgão colegiado, no interesse ou benefício da sua entidade" (Brasil, 1998, grifo nosso).

Diante das disposições legais, de forma resumida, podemos destacar algumas posições doutrinárias (Cunha, 2016):

» Pessoa jurídica jamais poderá praticar crimes por ser uma ficção jurídica (Savigny), não tem consciência e vontade, e a responsabilização criminal da pessoa jurídica vai de encontro à teoria do crime, portanto, a pessoa jurídica só pode ser responsabilizada administrativa, tributária e civilmente.

» Apenas a pessoa física pratica crime, no entanto, nos crimes ambientais, quando houver relação objetiva entre o autor do fato típico e ilícito e a empresa (representante legal ou contratual, ou de órgão colegiado no interesse ou benefício da entidade), admite-se a responsabilidade penal da pessoa jurídica pelo crime ambiental praticado pela pessoa física em benefício da pessoa jurídica.

» Para uma terceira corrente, a pessoa jurídica é considerada com um ente autônomo e distinto de seus membros, podendo cometer crimes ambientais e sofrer penas, conforme autorizou a CF de 1988 ao admitir a responsabilidade penal do ente coletivo (Brasil, 1988). Incidirá, no caso, um juízo sobre a reprovação social da conduta.

Sobre o tema, também ressaltamos o que diz a jurisprudência. O Superior Tribunal de Justiça (STJ) aplicava a **teoria da dupla imputação** em seus julgados, somente admitindo a responsabilidade da pessoa jurídica desde que em conjunto com a pessoa física.

No entanto, em julgados recentes, tanto o STJ (Brasil, 2015c) e o Supremo Tribunal Federal (STF) (Brasil, 2013c) não mais adotam a teoria da dupla imputação, **admitindo a punição da pessoa jurídica** por crimes ambientais, ainda que não haja responsabilização da pessoa física, com fundamento na previsão constitucional (Brasil, 1988).

O sujeito ativo pode ser classificado em:
- » **Comum** – O tipo penal não exige qualidade ou condição especial do agente. Exemplo: homicídio (art. 121 do Código Penal).
- » **Próprio** – Quando o tipo penal exige qualidade ou condição especial do agente. Exemplo: peculato (art. 312 do Código Penal).
- » **De mão própria** – O tipo penal exige qualidade específica do agente e, ainda, que realize pessoalmente a conduta. Exemplo: autoaborto (art. 124, primeira parte, do Código Penal).

3.3.2 Sujeito passivo

O sujeito passivo é a pessoa ou o ente que sofre as consequências da conduta criminosa. Admite-se como sujeito passivo pessoa física ou jurídica e ente indeterminado, como a coletividade ou a família (crime vago).

O sujeito passivo pode ser classificado em:
- » **Material ou eventual** – Titular do bem jurídico violado ou ameaçado.
- » **Formal ou constante** – Será sempre o Estado, titular do mandamento proibitivo, pois dele emanam as normas penais.

O morto não figura como sujeito passivo, pois não é titular de direitos. Nos crimes contra o respeito aos mortos (arts. 209 a 212 do Código Penal), o sujeito passivo será a coletividade, e, na calúnia contra o morto (art. 138, parágrafo 2º, do Código Penal), a família será a vítima.

Outra ponderação sobre o tema diz respeito aos animais. Estes não serão vítimas de crime, mas sim o proprietário do animal ou a coletividade, no caso de crimes ambientais.

Por derradeiro, sobre os sujeitos do crime, devemos observar que, na determinação do sujeito, ninguém pode ser ao mesmo tempo sujeito ativo e passivo de crime, já que o princípio da alteridade não admite a responsabilização por conduta que não exceda a esfera individual do agente (a lei não pune a tentativa de suicídio).

3.4 Objeto do crime

O objeto do crime divide-se em objeto jurídico e objeto material.
» **Objeto material** – É a pessoa ou a coisa sobre a qual recai a conduta criminosa. Há alguns crimes que não têm objeto material, ou seja, a conduta criminosa não recai sobre a pessoa ou a coisa (delitos de mera conduta, crimes omissivos puros). Os crimes formais podem ou não ter objeto material (ex.: falso testemunho), e os crimes materiais sempre terão objeto material porque exigem a produção de resultado.
» **Objeto jurídico** – Trata-se do bem ou do interesse tutelado pela norma, ou seja, é o bem jurídico tutelado (ex.: no homicídio, o bem jurídico é a vida). Não é possível haver crime sem objeto jurídico, pois a criminalização da conduta visa à proteção de um bem jurídico importante para a sociedade.

> ## Exemplificando
>
> 1. Crime: homicídio – objeto jurídico: vida; objeto material: cadáver
> 2. Crime: furto – objeto jurídico: patrimônio; objeto material: coisa subtraída

Mãos à obra

1) (Idecan – 2017 – Sejuc-RN) Majoritariamente entende-se que, de acordo com o conceito analítico, crime é um:
   a. Fato típico e antijurídico.
   b. Fato antijurídico e culpável.
   c. Fato típico, antijurídico e culpável.
   d. Fato típico, antijurídico, culpável e punível.

3.5 Fato típico

Fato típico é um substrato do conceito analítico do crime (crime, fato típico, ilícito e culpável), para o qual se adota a teoria tripartite.

Considera-se *fato típico* o fato humano que se enquadra com perfeição aos elementos descritos no tipo penal.

São quatro os elementos do fato típico: (1) **conduta**; (2) **resultado**; (3) **nexo causal**; e (4) **tipicidade**. Nesse contexto, a conduta produz o resultado naturalístico, ligados entre si pela relação de causalidade, e terá relevância penal se, em razão do juízo de tipicidade, verificar-se que houve subsunção entre a ação ou a omissão do agente e o tipo penal.

No caso de tentativa, para que se caracterize o fato típico, não será necessária a existência do resultado naturalístico nem do nexo causal, apenas da conduta e da tipicidade. O mesmo ocorre nos crimes formais e de mera conduta.
Passemos ao estudo dos elementos do fato típico.

3.5.1 Conduta

A conceituação de conduta levantou relevantes discussões entre os doutrinadores. De forma sucinta e de acordo com Cunha (2016), destacaremos, a seguir, as teorias mais importantes sobre o tema.

» **Teoria clássica, naturalística, mecanicista ou causal** – Para essa teoria, *conduta* é o comportamento humano voluntário que produz modificação no mundo exterior (Franz Von Liszt e Ernst Von Beling), não há vontade na produção do resultado, apenas um movimento corporal do agente, independentemente de dolo ou de culpa, que, para a teoria clássica, alojam-se no interior da culpabilidade. Sendo a culpabilidade elemento valorativo do conceito de crime causalista, o dolo é denominado *dolo normativo*. Tal teoria sofreu críticas por separar a conduta praticada no mundo exterior (movimento corporal objetivo) da relação psíquica do agente, deixando de analisar sua vontade.

» **Teoria causal-valorativa ou neokantista (concepção neoclássica ou normativista)** – Segundo essa teoria, *ação* é um comportamento humano voluntário manifestado no mundo exterior (Edmund Mezger); tem base causalista. A conduta permanece sendo elemento do fato típico, porém, agora como comportamento, abrangendo a ação e a omissão.

» **Teoria finalista** – Para essa teoria, *conduta* é o comportamento humano, consciente e voluntário, dirigido a uma finalidade (Hans Welzel). O dolo e a culpa, que, na teoria clássica, residiam na culpabilidade, foram deslocados para o interior da conduta, portanto, para o fato típico. O dolo passa a ser o dolo natural (dolo que não apresenta a consciência da ilicitude como elemento). O Código Penal em vigor parece ter adotado essa teoria. Um exemplo dessa posição encontra-se no art. 20, *caput*: "O erro sobre elemento constitutivo do tipo legal de crime exclui o dolo, mas permite a punição por crime culposo, se previsto em lei" (Brasil, 1940). Critica-se a teoria finalista pelo fato de não explicar os crimes culposos (sendo frágil também quanto aos crimes omissivos), ou seja, concentrou-se no desvalor da conduta e ignorou o desvalor do resultado.

» **Teoria social** – *Ação* é a conduta positiva socialmente relevante e reprovável, dominada ou dominável pela ação e dirigida a uma finalidade (Jescheck e Wessels); acrescentou ao conceito a relevância social. A principal crítica que se faz a essa teoria é de que o conceito de relevância social pode ser muito amplo, trazendo incertezas ao direito penal.

» **Teorias funcionalistas** – Para as teorias funcionalistas, a conduta deve ser compreendida de acordo com a missão conferida ao direito penal. As principais correntes funcionalistas são:

» funcionalismo moderado/racional-teleológico (Claus Roxin) – *conduta* é o comportamento humano voluntário causador de relevante e intolerável lesão ou perigo de lesão ao bem jurídico tutelado pela norma penal;

» **funcionalismo radical/sistêmico (Gunther Jakobs)** – *conduta* é o comportamento humano voluntário causador de um resultado evitável, violador do sistema.
» **Teoria da ação significativa** – Elaborada por Vives Antón, essa teoria defende que a ação se refere ao que as pessoas fazem, e não simplesmente a como as pessoas fazem. É necessário que se compreenda a ação segundo as normas. Importante observar se a ação humana é relevante para o direito penal e se pode ser relacionada determinado tipo penal. A ação só existe em razão da norma, ou seja, não existem ações prévias às normas. Exemplo: não existe a ação de matar se, previamente, não existir uma norma que defina *matar* como conduta relevante para o direito penal.

Elementos da conduta

No estudo das teorias apresentadas, observamos que elas apresentam um ponto comum quanto ao conceito de *conduta*, qual seja, *conduta* é um movimento humano voluntário, dominável pela vontade. A repercussão no mundo exterior também caracteriza a conduta.

Em síntese, os elementos da conduta são:
» **Interno ou ato de vontade com finalidade** – Comportamento voluntário dirigido a um fim.
» **Externo ou manifestação da vontade** – Exteriorização da vontade com a prática de uma ação ou omissão a fim de alcançar o resultado pretendido.

Formas de conduta

A conduta pode ser uma ação ou uma omissão humana, de forma voluntária e consciente, dirigida a determinado fim. Para o direito penal, importa a conduta típica, dolosa ou culposa. Neste tópico, analisaremos as formas de exteriorização da conduta.

Crime comissivo e omissivo

A ação ou a omissão são formas de exteriorização da conduta. A **ação** caracteriza-se com um movimento corporal exterior positivo, um fazer. Por sua vez, a **omissão** exterioriza-se em um não fazer aquilo que poderia e deveria ser feito.

» **Crimes comissivos** – Referem-se à uma ação proibida, que viola um tipo proibitivo. Exemplo: matar alguém (art. 121 do Código Penal).
» **Crimes omissivos** – Referem-se a um não fazer, que viola um tipo mandamental. Podem ser crimes omissivos próprios ou crimes omissivos impróprios (comissivos por omissão):
  » crimes omissivos próprios – a norma impõe o dever de agir no próprio tipo penal (preceito preceptivo), como, por exemplo, na omissão de socorro (art. 135 do Código Penal).
  » crimes omissivos impróprios, espúrios ou comissivos por omissão – o tipo descreve uma ação (preceito proibitivo), mas a omissão se concretiza quando o agente descumpre o dever jurídico de agir, conforme prevê o art. 13, parágrafo 2º, do Código Penal (Brasil, 1940), produzindo um resultado naturalístico quando lhe era possível atuar para evitar o resultado.

Crime doloso

O Código Penal conceitua, em seu art. 18, inciso I, o crime doloso. Depreende-se da norma legal que se trata da vontade consciente de realizar uma conduta prevista no tipo penal:

"Art. 18. Diz-se o crime: [...] I – doloso, quando o agente quis o resultado ou assumiu o risco de produzi-lo" (Brasil, 1940).

O dolo, que é elemento subjetivo da conduta, é formado pelos seguintes elementos: **volitivo** (vontade de praticar a conduta descrita na norma) e **intelectivo** (consciência da conduta e do resultado). A respeito do dolo, foram desenvolvidas as seguintes teorias (Masson, 2012):

» **Teoria da vontade** – *Dolo* é a vontade consciente de querer praticar a infração penal.

» **Teoria da representação** – Para a existência do dolo, é suficiente a previsão do resultado (não foi adotada pelo Código Penal brasileiro).

» **Teoria do consentimento (assentimento)** – Caracteriza-se o dolo quando o agente puder prever o resultado como possível e, ainda assim, decidir prosseguir com a conduta, assumindo o risco de produzir o resultado danoso.

Vejamos, a seguir, as **espécies** de dolo:

» **Dolo natural ou neutro** – Integra o fato típico e tem dois elementos: consciência e vontade (adotado pela teoria finalista).

» **Dolo normativo ou híbrido** – O dolo integra a culpabilidade, juntamente à consciência (saber o que faz), a vontade (querer) e a consciência atual da ilicitude (adotado pela teoria clássica causal/neokantista).

» **Dolo direito ou determinado** – O agente dirige sua conduta para atingir o resultado previsto.

» **Dolo indireto ou indeterminado** – Pode ser classificado em:

   » dolo alternativo – o agente prevê mais de um resultado e dirige sua conduta para concretizar qualquer um deles (tanto faz);

» dolo eventual – o agente prevê uma pluralidade de resultados, e dirige sua conduta para determinado resultado, assumindo o risco de provocar outro (quer um, mas aceita o outro).

» **Dolo cumulativo** – O agente pretende alcançar dois resultados; ocorre no caso de progressão criminosa. Exemplo: o agente quis lesionar e após, a lesão, resolve matar a vítima.

» **Dolo de dano** – Vontade direcionada à efetiva lesão ao bem jurídico tutelado.

» **Dolo de perito** – Intenção de expor à risco o bem jurídico tutelado.

» **Dolo genérico** – O agente tem vontade de praticar a conduta descrita no tipo penal, sem um fim específico.

» **Dolo específico** – O agente tem vontade de realizar a conduta, visando a um fim específico contido no tipo penal ("com o fim de..."). Atualmente, essa expressão cede lugar a outra: *elemento subjetivo do tipo ou do injusto*.

» **Dolo geral** – Tem relação com o erro sobre a relação de causalidade; ocorre quando o agente supondo já ter alcançado o resultado almejado, pratica nova ação, sendo esta a que efetivamente provoca o resultado.

» **Dolo de primeiro grau** – Identifica-se com o dolo direto; o agente, com consciência e vontade, busca o resultado delituoso.

» **Dolo de segundo grau (de consequências necessárias)** – Também tem correspondência com o dolo direto, no entanto, a vontade do agente abrange os efeitos colaterais, consequência certa e necessária no caso da realização do resultado perseguido. Exemplo: para matar um piloto de avião, o agente coloca uma bomba na aeronave, a explosão causará a morte do piloto e dos demais passageiros, sendo esta a consequência necessária para que o agente alcance seu intuito.

» **Dolo de terceiro grau** – Caracteriza-se como a consequência da consequência necessária, no entanto, existe divergência doutrinária a respeito. Há doutrinadores que não admitem a existência de dolo de terceiro grau, pois, se o agente não tivesse ciência da consequência, poderia caracterizar responsabilidade objetiva, que não é aceita por nosso ordenamento e, se o agente soubesse da consequência, estaria esta inserida no dolo de segundo grau. Exemplo: no caso do exemplo anterior, supondo que exista uma mulher grávida entre os passageiros, a morte do piloto configura dolo de primeiro grau; dos passageiros, dolo de segundo grau; e o aborto seria dolo de terceiro grau para os que o admitem.

» **Dolo antecedente, concomitante e subsequente** – Antecedente é o dolo anterior à conduta, trata-se de mera cogitação e não interessa ao direito penal; concomitante é o dolo que existe no momento da conduta, o qual é relevante para o direito penal; e subsequente é o dolo posterior ao crime, sendo irrelevante para o direito penal.

» **Dolo de propósito e dolo de ímpeto** – o dolo de propósito é a vontade e a consciência refletida, premeditada; por sua vez, o dolo de ímpeto, como o próprio nome supõe, é repentino.

Crime culposo

Tem previsão legal no art. 18, inciso II, do Código Penal e ocorre quando a conduta voluntária provoca um fato ilícito, não querido ou aceito pelo agente, mas previsível (culpa inconsciente), ou previsto, mas que o agente, de forma inconsequente, imaginava ser evitável (culpa consciente).

O agente dá causa ao resultado por imprudência, negligência ou imperícia, ele não quer nem assume o risco de produzi-lo. Vejamos o teor do dispositivo: "Art. 18. Diz-se o crime: [...] II – culposo, quando o agente deu causa ao resultado por imprudência, negligência ou imperícia" (Brasil, 1940).

Os **elementos** do crime culposo são:

» **Conduta humana voluntária** – A conduta deve ser aceita e desejada pelo agente de forma voluntária. Ressaltamos que, no crime culposo, a conduta é que será desejada, e não o resultado; se o resultado fosse desejado, o crime seria doloso.

» **Violação de um dever de cuidado objetivo** – Em sociedade, o homem deve evitar que sua conduta cause danos a terceiros. No entanto, nem sempre o dever de cuidado é observado, agindo o agente de forma imprudente, negligente ou imperita, violando seu dever de diligência.

» **Resultado naturalístico involuntário** – Em regra, os crimes culposos são materiais e causam uma modificação no mundo exterior de modo involuntário.

» **Nexo entre conduta e resultado** – Relação de conexão entre a conduta e o resultado.

» **Previsibilidade** – Possibilidade, pelo conhecimento comum do homem médio (previsibilidade objetiva), diante do caso concreto, de representação do resultado como consequência da conduta do agente.

» **Tipicidade** – Adequação do fato com a lei penal; o tipo penal culposo deve estar previsto em lei de forma expressa.

Quanto às **modalidades** de culpa, temos:

» **Imprudência** – Trata-se de um fazer indevido. Exemplo: dirigir com excesso de velocidade.

» **Negligência** – É o deixar de fazer o devido (omissão), uma ausência de precaução. Exemplo: deixar arma de fogo próxima a uma criança.
» **Imperícia** – Relaciona-se com a falta de aptidão técnica para o exercício de arte ou de profissão. Exemplo: motorista sem habilitação para dirigir causa um acidente.

Por sua vez, as **espécies** de culpa são:

» **Culpa consciente (*ex lascívia*)** – O agente prevê a possibilidade de ocorrer o resultado, mas não assume o risco de produzi-lo, isto é, ele acredita fielmente que o resultado não ocorrerá devido à sua habilidade. Difere-se do dolo eventual porque neste o agente prevê o resultado e assume o risco de produzi-lo.
» **Culpa inconsciente (*ex ignorantia*)** – O agente não prevê o resultado, embora este seja previsível para o homem médio.
» **Culpa própria ou propriamente dita** – É a culpa comum, a culpa inconsciente; o agente não assume o risco do resultado, mas acaba produzindo-o por negligência, imprudência ou imperícia.
» **Culpa imprópria ou culpa por equiparação, por assimilação ou por extensão** – É derivada do erro evitável/inescusável e ocorre quando o agente imagina certa situação de fato que, se presente, excluiria a ilicitude de seu comportamento (descriminantes putativas). Tem previsão no art. 20, parágrafo 1º, do Código Penal: "É isento de pena que, por erro plenamente justificado pelas circunstâncias, supõe situação de fato que, se existisse, tornaria a ação legítima. Não há isenção de pena quando o erro deriva de culpa e o fato é punível como crime culposo" (Brasil, 1940).

Quadro 3.2 – Dolo *versus* culpa

	Consciência	Vontade
Dolo direto	Tem previsão	Quer
Dolo eventual	Tem previsão	Assume o risco
Culpa consciente	Tem previsão	Acredita que pode evitar
Culpa inconsciente	Não prevê o que era previsível	Não quer e nem aceita o resultado

São **causas de exclusão da culpa**:

» **Caso fortuito e força maior** – Trata-se de fatos imprevisíveis, e sua ocorrência não depende da vontade de ninguém, portanto, o resultado não pode ser punido a título de culpa.

» **Princípio da confiança** – O dever de cuidado deve ser respeitado por todos na sociedade, portanto, aquele que age nos limites do dever de cuidado confia que os demais o farão da mesma forma e, assim, não responderá por resultado lesivo involuntário que acabe envolvido por conduta de outrem. Exemplo: motorista, em velocidade compatível, confiante que o pedestre atravessará a rua em local adequado, atropela-o quando este atravessava em local indevido, não responderá por crime culposo.

» **Erro profissional** – O erro profissional não se confunde com imperícia, mas decorre da falta de opção de métodos científicos; o profissional está apto a desempenhar a função, age conforme as regras respectivas, mas isso não é suficiente.

» **Risco tolerado** – Trata-se de situação que exige certa tolerância com relação ao risco provocado pela conduta, a fim de não inviabilizar práticas do dia a dia, o desenvolvimento pessoal e o progresso científico da sociedade.

Exemplo: procedimentos experimentais em pacientes que não tenham perspectiva de melhoras com os métodos tradicionais.

Crime preterdoloso

No crime preterdoloso, o agente quer produzir o resultado (dolo), mas produz outro resultado mais grave a título de culpa. Há dolo no antecedente (conduta e resultado menos grave pretendido) e culpa no consequente (resultado qualificador não pretendido, mas previsível). Exemplo: lesão corporal seguida de morte, previsto no art. 129, parágrafo 3º do Código Penal: "Pelo resultado que agrava especialmente a pena, só responde o agente que o houver causado ao menos culposamente" (Brasil, 1940).

▪ Erro de tipo

O erro de tipo essencial tem previsão legal no art. 20, *caput*, do Código Penal: "O erro sobre elemento constitutivo do tipo legal de crime exclui o dolo, mas permite a punição por crime culposo, se previsto em lei" (Brasil, 1940).

O erro de tipo recai sobre elementares, circunstâncias ou quaisquer dados que se referem à figura típica. Exemplo: mulher que leva a bolsa da colega de trabalho certa de que é a sua por serem muito parecidas (a conduta se amolda ao tipo penal, mas a realidade não foi representada de forma correta pela autora).

Erro de tipo *versus* erro de proibição

» **Erro de tipo** – Há falsa percepção da realidade, e o agente não sabe o que faz. O erro recai sobre situação fática prevista como elemento constitutivo do tipo legal de crime.

» **Erro de proibição** – O equívoco recai sobre a ilicitude da conduta praticada, e o agente sabe o que faz, mas ignora ser proibido.

Espécies de erro de tipo
» **Erro de tipo essencial** – Previsto no art. 20, *caput*, do Código Penal, recai sobre os elementos constitutivos do tipo penal ou sobre as circunstâncias. O agente tem uma falsa percepção da realidade, não tem consciência de sua conduta, tampouco vontade de praticar a figura descrita no tipo penal (Brasil, 1940). Exemplo: o agente subtrai coisa alheia móvel pensando que lhe pertence (erro sobre a elementar "alheia"). Sendo inevitável o erro de tipo (não poderia ser evitado), serão excluídos o dolo e a culpa; por outro lado, sendo o erro de tipo evitável/inescusável (poderia ser evitado se o agente tivesse maior diligência), será excluído o dolo, mas permite a punição por crime culposo.
» **Erro de tipo acidental** – É o erro que recai sobre os dados secundários, periféricos do tipo, o que não afasta a responsabilidade do agente, já que ele tem vontade de praticar uma conduta criminosa. Poderá ocorrer nas seguintes hipóteses: erro sobre a pessoa; erro sobre o objeto; erro sobre o nexo causal; erro na execução; e resultado diverso do pretendido.
» Erro de tipo sobre a pessoa (ou *error in persona*) – Nessa situação, o agente confunde a pessoa contra a qual desejava praticar o crime com outra pessoa. Exemplo: o agente atira no irmão gêmeo da pessoa realmente visada. O Código Penal, em seu art. 20, parágrafo 3º, disciplinou que serão consideradas as condições ou qualidades pessoais da vítima virtual: "O erro quanto à pessoa contra a qual o crime é praticado não isenta

de pena. Não se consideram, neste caso, as condições ou qualidades da vítima, senão as da pessoa contra quem o agente queria praticar o crime" (Brasil, 1940).

» Erro sobre o objeto (ou *error in objeto*) – O sujeito acredita que sua conduta recaiu sobre determinado objeto, mas incide sobre objeto diverso. Trata-se de erro sobre o objeto visado (coisa). Exemplo: o sujeito acredita ter subtraído uma pulseira de ouro quando, na verdade, é uma bijuteria. Esse erro é irrelevante, não afasta a tipicidade da conduta.

» Erro sobre o nexo causal (ou *aberratio causae*) – O agente engana-se quanto ao meio de execução do crime que determinou o resultado por ele almejado. Erra sobre a relação de causalidade. Nesse caso, o dolo é geral, e o importante é que o agente desejou o resultado naturalístico. Exemplo: o agente dispara arma de fogo contra vítima, acreditando que ela está morta, joga seu corpo em um rio, e a morte ocorre por afogamento, e não por causa do disparo; o agente, então, responde por homicídio consumado, sendo irrelevante o erro quanto ao nexo causal.

» Erro na execução (ou *aberratio ictus*) – Trata-se de erro quanto à execução em que o agente não se engana quanto à pessoa que desejava atacar, mas por erro na execução (pontaria) atinge pessoa diversa. O art. 73 do Código Penal assim estabelece:

Art. 73. Quando, por acidente ou erro no uso dos meios de execução, o agente, ao invés de atingir a pessoa que pretendia ofender, atinge pessoa diversa, responde como se tivesse praticado o crime contra aquela, atendendo-se ao disposto no § 3º do art. 20 deste Código.

No caso de ser também atingida a pessoa que o agente pretendia ofender, aplica-se a regra do art. 70 deste Código. (Brasil, 1940)

Determina o preceito legal que, nessa situação, deve-se atender ao parágrafo 3º do art. 20 do Código Penal, ou seja, observam-se as regras referentes ao erro sobre a pessoa – levando-se em conta as condições da vítima virtual e desprezando-se as condições da vítima real – erro com resultado único (art. 73, primeira parte, do Código Penal). Por outro lado, no caso da conduta criminosa atingir a pessoa inicialmente desejada de forma dolosa e atingir também pessoa(s) diversa(s) – erro com resultado duplo (unidade complexa) –, deve-se aplicar o concurso formal (art. 70 do Código Penal).

» Resultado diverso do pretendido (ou *aberratio delicti* ou *aberratio criminis*) – O art. 74 do Código Penal traz a hipótese de resultado diverso do pretendido, em que o agente, por acidente ou erro na execução do crime, causa resultado diverso do pretendido (crime diverso do pretendido): "Fora dos casos do artigo anterior, quando, por acidente ou erro na execução do crime, sobrevém resultado diverso do pretendido, o agente responde por culpa, se o fato é previsto como crime culposo; se ocorre também o resultado pretendido, aplica-se a regra do art. 70 deste Código" (Brasil, 1940). Como se verifica, tanto na *aberratio criminis* quanto na *aberratio ictus* (art. 73 do Código Penal), haverá erro na execução. Contudo, ao passo que, na *aberratio ictus*, o agente, apesar do erro, atinge o mesmo bem jurídico (vida) de pessoa diversa, na *aberratio criminis*, o erro atinge bem jurídico diverso daquele que o agente pretendia atingir (patrimônio × vida), ou seja, no resultado diverso do pretendido, a relação é crime × crime, e no erro na execução, a relação ocorre pessoa × pessoa.

Crime putativo por erro de tipo

O crime putativo por erro de tipo difere do erro de tipo, uma vez que, neste (erro de tipo), o agente desconhece os elementos constitutivos do fato típico e não sabe que pratica um fato descrito em lei como crime. No caso do crime putativo por erro de tipo, o agente imagina erroneamente que está praticando um crime, mas, por erro, pratica um fato penalmente irrelevante. Exemplo: o agente deseja praticar o crime de tráfico, mas, sem saber, está comercializando talco.

Descriminantes putativas

Uma descriminante putativa é causa de exclusão de ilicitude que não existe de fato, apenas na mente do autor, que supõe erroneamente que está amparado por uma causa de exclusão de ilicitude (art. 23 do Código Penal – estado de necessidade putativo, legítima defesa putativa, estrito cumprimento de dever legal putativo e exercício regular do direito putativo), legitimando sua conduta.

As **espécies** das descriminantes putativas são:

» **Erro relativo aos pressupostos de fato de uma causa de exclusão de ilicitude** – Exemplo: ao encontrar um desafeto e perceber que este coloca a mão no bolso, o agente supõe ele que vai sacar uma arma e, então, saca de seu revólver e mata-o, achando que está em legítima defesa, quando, na realidade, a vítima tirava um bilhete de pedido de perdão de seu bolso. Nesse caso, está ausente, portanto, a agressão injusta, pressuposto de fato da legítima defesa.

» **Erro relativo à existência de uma causa de exclusão da ilicitude** – Exemplo: o agente mata sua esposa ao descobrir que ela o estava traindo, supondo que está acobertado pela legítima defesa da honra, o erro recai sobre a existência dessa descriminante.

» **Erro relativo aos limites de uma causa de exclusão da ilicitude** – Exemplo: o proprietário de uma fazenda que mata todo e qualquer posseiro que invada sua propriedade. Ocorreu excesso (limites), pois houve uma reação desproporcional em defesa da propriedade não admitida pelo ordenamento jurídico.

Tanto **o erro relativo à existência** de uma causa de exclusão da ilicitude quanto o **erro relativo aos limites** de uma causa de exclusão da ilicitude apresentam natureza jurídica de erro de proibição indireto.

Tratando-se, portanto, de descriminantes putativas por erro de proibição, subsistirá o dolo e a culpa, excluindo-se a culpabilidade se o erro for inevitável/escusável e sendo evitável/inescusável, não se afasta a culpabilidade, e o agente responde por crime doloso com diminuição de pena de 1/6 a 1/3, já que, no sistema finalista, o dolo é natural, não alojando a consciência da ilicitude, a qual figura como elemento da culpabilidade. Assim dispõe o art. 21 do Código Penal: "O desconhecimento da lei é inescusável. O erro sobre a ilicitude do fato, se inevitável, isenta de pena; se evitável, poderá diminuí-la de um sexto a um terço" (Brasil, 1940).

O **erro relativo aos pressupostos de fato** de uma causa de exclusão da ilicitude está previsto no art. 20, parágrafo 1º, Código Penal: "É isento de pena quem, por erro plenamente justificado pelas circunstâncias, supõe situação de fato que, se existisse, tornaria a ação legítima. Não há isenção de pena quando o erro deriva de culpa e o fato é punível como crime culposo" (Brasil, 1940). Sobre esse tema, há divergência doutrinária quanto à natureza jurídica da descriminante putativa, a depender da teoria adotada. De acordo com Azevedo e Salim (2015), vejamos:

» **Teoria limitada da culpabilidade** – É a teoria adotada pelo Código Penal, segundo a qual o erro sobre os pressupostos fáticos de uma causa de justificação constitui **erro de tipo permissivo (descriminante putativa por erro de tipo)**; se inevitável, exclui-se o dolo e a culpa (isentando o agente de pena), se evitável, exclui-se o dolo, mas não isenta o agente de pena, podendo subsistir o crime culposo se previsto em lei (culpa própria). Para essa teoria, o erro sobre os pressupostos fáticos relaciona-se com o fato típico.

» **Teoria estrita ou extremada da culpabilidade** – Qualquer erro sobre as causas de exclusão da ilicitude será **erro de proibição (indireto)**, inclusive o erro sobre os **pressupostos fáticos**. Para essa teoria, o erro relaciona-se com a culpabilidade. Tratando-se de erro inevitável, haverá isenção de pena.

» **Teoria complexa da culpabilidade (teoria extremada *sui generis*)** – Considera o erro sobre os pressupostos fáticos (art. 20, parágrafo 1º, do Código Penal) como *erro sui generis*. Quando inevitável o erro, segue a teoria extremada, isenta o agente da pena; se o erro for evitável, o fato será punido a título de culpa se houver previsão legal, conforme a teoria limitada.

Erro provocado por terceiro
O art. 20, parágrafo 2º, do Código Penal disciplina que: "Responde pelo crime o terceiro que determina o erro" (Brasil, 1940).

Assim, o provocador do erro responderá pelo crime se o praticou por dolo ou culpa, ao passo que o provocado, se o erro for inevitável, não responde pelo crime, havendo exclusão de dolo e culpa; se o erro for evitável, afasta-se o dolo e subsiste a modalidade culposa, se prevista em lei. Exemplo: médico, com a intenção de matar, entrega a uma enfermeira injeção com veneno para ser aplicada no paciente. O médico responderá pelo crime a título doloso, e a enfermeira, a depender – se foi inevitável ou evitável o erro.

Ausência de conduta
São hipóteses de ausência de conduta:
» **Caso fortuito e força maior** – Acontecimentos imprevisíveis e inevitáveis, não controláveis pela vontade humana. Não havendo vontade, não há dolo nem culpa. Alguns doutrinadores distinguem o caso fortuito da força maior, considerando o primeiro como acontecimento imprevisível e inevitável provocado pelo homem, e a força maior como acontecimento decorrente da natureza.
» **Atos ou movimentos reflexos** – Impulso fisiológico, desprovido de vontade. Se ausente a vontade, estará ausente a conduta.
» **Coação física irresistível (*vis absoluta*)** – O coagido não tem liberdade para agir em razão de força física externa. Por exemplo, um homem muito forte usa sua força física para forçar alguém a apertar o gatilho de um revólver em direção à vítima que morre. O coagido serviu como instrumento do crime.

Mas, cuidado! Não confunda coação física irresistível, que exclui a conduta, com coação moral, pois, nesta, se irresistível, há conduta, mas ela não é livre, excluindo, portanto, a culpabilidade.

Mãos à obra

2) (TRF 3ª Região – 2018) Leia as afirmações abaixo e, ao final, indique a alternativa correta:
   I. O crime somente se consuma quando nele se reúnem todos os elementos de sua definição legal.
   II. O agente que, voluntariamente, desiste de prosseguir na execução do crime não responde pelos atos já praticados.
   III. A tentativa não é punível quando o crime não se consuma por ineficácia absoluta do meio ou por absoluta impropriedade do objeto.
   IV. O erro sobre a identidade da pessoa contra a qual o crime é praticado isenta de pena o agente, se o erro é inevitável.

   a. Apenas as afirmações III e IV estão certas.
   b. Apenas as afirmações I e II estão certas.
   c. Apenas as afirmações I e III estão certas.
   d. Apenas as afirmações II e IV estão certas.

3.5.2 Resultado

Analisemos, agora, mais um dos elementos do fato típico: o resultado. Em breve conceito, podemos afirmar que o *resultado* é a consequência gerada pela conduta do agente.

■ **Espécies**

São espécies de resultado:

» **Resultado jurídico ou normativo** – É a lesão ou a exposição a perigo de lesão do bem jurídico tutelado pela norma penal. Todo crime apresenta resultado normativo, classificando-se em crime de dano (ou de lesão) e crime de perigo:

  » Crime de dano – A consumação exige efetiva lesão ao bem jurídico tutelado. Exemplo: homicídio.

  » Crime de perigo – Para a consumação, é suficiente a exposição do bem jurídico a uma situação de perigo, que pode ser presumido por lei (crime de perigo abstrato) – exemplo: tráfico de drogas – ou exigir prova do risco ameaçador do bem jurídico (delito de perigo concreto) – exemplo: expor ou abandonar recém-nascido, para ocultar desonra própria.

» **Resultado naturalístico ou material** – É a modificação do mundo exterior provocada pela conduta do agente. Ao contrário do resultado normativo, nem todo crime apresenta resultado naturalístico, este estará presente apenas nos crimes materiais consumados. Nos crimes formais, como a extorsão mediante sequestro, nem sempre haverá resultado naturalístico, e os crimes de mera conduta, como a violação de domicílio, em que há apenas a descrição da conduta, jamais produzirão um resultado naturalístico.

3.5.3 Nexo causal

O terceiro elemento a ser analisado refere-se ao vínculo entre a conduta e o resultado produzido. A relação de causalidade está prevista no art. 13 do Código Penal:

Relação de causalidade

Art. 13. *O resultado, de que depende a existência do crime, somente é imputável a quem lhe deu causa. Considera-se causa a ação ou omissão sem a qual o resultado não teria ocorrido.*

Superveniência de causa independente

§ 1º A superveniência de causa relativamente independente exclui a imputação quando, por si só, produziu o resultado; os fatos anteriores, entretanto, imputam-se a quem os praticou.

Relevância da omissão

§ 2º A omissão é penalmente relevante quando o omitente devia e podia agir para evitar o resultado. O dever de agir incumbe a quem:

a) *tenha por lei obrigação de cuidado, proteção ou vigilância;*
b) *de outra forma, assumiu a responsabilidade de impedir o resultado*
c) *com seu comportamento anterior, criou o risco da ocorrência do resultado.* (Brasil, 1940, grifo do original)

As teorias que buscam definir a relação de causalidade, bem delineadas por Cunha (2016), são as seguintes:

» **Equivalência dos antecedentes (teoria da *conditio sine qua non*)** – Foi criada por Glaser e desenvolvida por Maximilian von Buri e Stuart Mill, em 1873. Para essa teoria, *causa* é todo fato humano sem o qual o resultado não teria ocorrido quando ocorreu nem como ocorreu.

» **Teoria da causalidade adequada** – Criada por Von Kries, segundo essa teoria, *causa* é o antecedente não só necessário, mas também adequado à produção do resultado eficaz.

» **Teoria da imputação objetiva** – Para falar em fato típico, é necessário analisar se a conduta criou ou incrementou um risco proibido relevante, bem como se esse risco se materializou no resultado jurídico, dentro do alcance do tipo.

Como regra, o Código Penal adotou a teoria da equivalência dos antecedentes, é o que se verifica no art. 13, *caput:* "considera-se causa a ação ou omissão sem a qual o resultado não teria ocorrido" (Brasil, 1940). Assim, *causa* é todo comportamento humano (ação ou omissão) que, de qualquer modo, concorreu para a produção do resultado naturalístico (qualquer contribuição).

No entanto, foi necessário desenvolver um método para que fosse possível descobrir, entre tantos fatos que antecedem o resultado, qual foi sua causa efetiva. Thyrén, em 1894, desenvolveu a **teoria da eliminação hipotética dos antecedentes causais,** de acordo com a qual *causa* é todo fato que, suprimido mentalmente, afastaria a ocorrência do resultado (Cunha, 2016).

Desse modo, a aplicação da teoria da equivalência dos antecedentes causais requer sua conjugação com a teoria da eliminação hipotética dos antecedentes causais, chegando-se à denominada ***causalidade objetiva do resultado*** **(relação causa e efeito)** (Cunha, 2016).

Contudo, a causalidade objetiva quando aplicada sem considerar a causalidade psíquica (dolo ou culpa) pode levar o regresso ao infinito. Exemplo: a fabricação da arma que o homicida utilizou no resultado almejado pode ser considerada a causa do crime (Cunha, 2016).

Assim, é indispensável indagar se o agente agiu com dolo ou culpa para a produção do resultado criminoso. No nosso anterior, o fabricante de armas não poderá ser responsabilizado penalmente, pois não agiu com dolo ou culpa (Cunha, 2016).

Além da teoria da equivalência dos antecedentes, prevista no *caput* do art. 13, excepcionalmente, o Código Penal adota a **teoria da causalidade adequada**, prevista no parágrafo 1º do art. 13: "A superveniência de causa relativamente independente exclui a imputação quando, por si só, produziu o resultado; os fatos anteriores, entretanto, imputam-se a quem os praticou" (Brasil, 1940)

Para entender melhor a aplicação do parágrafo 1º do art. 13 do Código Penal, é necessário examinar as chamadas *concausas*.

Concausas

No caso concreto, é possível que haja mais de uma causa influenciando na produção do resultado danoso; trata-se de uma causa externa e independente da vontade do agente.

A causa pode ser **dependente** quando emana da conduta do autor e se insere no desdobramento normal do resultado, ou seja, os acontecimentos são dependentes, pois sem o anterior não ocorreria o posterior. Nesses casos, o agente responderá por todos os desdobramentos.

Por sua vez, será **independente** a causa quando não está inserida na linha normal do desdobramento da conduta, ou seja, quando tem a capacidade de produzir por si só o resultado. Nesses casos, será necessário distinguir as causas absolutamente independente e relativamente independentes.

Concausas absolutamente independentes

As concausas absolutamente independentes podem ser preexistentes, concomitantes e supervenientes. No entanto, em quaisquer destas, o resultado ocorreria de qualquer maneira, com ou sem o comportamento realizado, afastando-se o nexo de causalidade, motivo pelo qual o agente não responderá pelo resultado.

- » **Preexistente** – A causa efetiva é antecedente ao comportamento concorrente. Exemplo: efetuar disparos de arma de fogo, com intenção homicida, em pessoa que falecera minutos antes.
- » **Concomitante** – A causa efetiva é simultânea ao comportamento concorrente. Exemplo: atirar em pessoa que, no exato momento do tiro, sofre ataque cardíaco fulminante, sem relação alguma com o disparo.
- » **Superveniente** – A causa efetiva é posterior ao comportamento corrente. Exemplo: o agente envenena a comida da vítima, e, antes que o veneno faça efeito, a vítima vem a ser atropelada (causa superveniente) e morre em decorrência do acidente, o que caracterizará tentativa de homicídio.

Concausas relativamente independentes

As concausas relativamente independentes dizem respeito às causas externas que, somadas à conduta do agente, produzem o resultado (isoladamente não seriam capazes de produzi-lo). De regra, não se exclui o nexo de causalidade, o resultado poderá ser imputado ao agente que será responsabilizado.

Sua classificação, igualmente, divide-se em: preexistente, concomitante e superveniente.

- » **Preexistente** – A causa efetiva é anterior à causa concorrente, e sua análise se faz com utilização da causalidade simples (art. 13, *caput*, do Código Penal). Exemplo: efetuar ferimento leve, com instrumento cortante, em um hemofílico (sendo o agente conhecedor da situação de saúde da vítima), que sangraria até a morte (o ferimento leve em uma pessoa saudável não causaria o resultado morte); nesse caso, o agente responderá por homicídio consumado. Para responsabilização do agente, exige-se que a causa preexistente seja conhecida (dolo) ou, ao menos, previsível (culpa).

» **Concomitante** – A causa efetiva, propulsora, ocorre simultaneamente à outra causa. Também nesse caso deverá ser utilizada a regra da causalidade simples (teoria *condition sine qua non* prevista no art. 13, *caput*, do Código Penal). Exemplo: o agente efetua disparo contra a vítima com a intenção de matar, mas não a atinge, entretanto, em razão do susto, sofre ataque cardíaco, vindo a morrer; apurando-se que a soma desses fatores causou a morte, o agente responderá por homicídio consumado. Para responsabilização do agente, exige-se que a causa preexistente seja conhecida (dolo) ou ao menos previsível (culpa).

» **Superveniente** – A causa efetiva, evento propulsor, acontece após a causa concorrente. A depender da situação, a regra a ser aplicada é a prevista no art. 13, parágrafo 1º, do Código Penal, observando-se a teoria da causalidade adequada. Trata-se de uma exceção à aplicação da teoria da equivalência dos antecedentes. As causas supervenientes relativamente independentes podem ser divididas em dois grupos:

  » Causa superveniente relativamente independente que **produz** por si só o resultado – Deve ser aplicada a teoria da causalidade adequada, acolhida pelo parágrafo 1º do art. 13 do Código Penal: "a superveniência de causa relativamente independente exclui imputação quando, por si só, produziu o resultado; os fatos anteriores, entretanto, imputam-se a quem os praticou" (Brasil, 1940). *Por si só* significa que há autonomia da causa superveniente, que, embora relativa, não se encontra no mesmo curso do desdobramento causal da conduta do autor, ou seja, há o rompimento do nexo causal pela superveniência de uma causa idônea e adequada a produzir por si só o resultado. O agente responderá apenas pelos atos até então praticados. Exemplo: vítima de arma de fogo, internada em um hospital, falece em razão de queimaduras causadas por um incêndio que destrói a área em que estava internada.

» Causa superveniente relativamente independente que **não produz** por si só o resultado – Incide a teoria da equivalência dos antecedentes (causalidade simples, art. 13, *caput*). O agente responderá pelo resultado naturalístico, pois, suprimindo mentalmente sua conduta, o resultado não teria ocorrido. Exemplo: o autor efetua disparo contra a vítima com a intenção de matá-la, mas, por erro de pontaria, atinge apenas a perna, a vítima é conduzida ao hospital, onde, por imperícia médica, vem a morrer; nesse caso, o agente responderá por homicídio consumado.

Teoria da imputação objetiva

A teoria causal aplicada da forma como proposta poderia levar o regresso ao infinito, e a adoção da teoria da imputação objetiva seria mais uma forma de evitar situações absurdas, o que era evitado somente com análise do dolo e da culpa (Cunha, 2016).

Desenvolvida inicialmente por Karl Larenz e, atualmente, por Claus Roxin e Gunther Jakobs, a teoria da imputação objetiva busca que sejam analisados, além do nexo físico (causa/

efeito), os critérios normativos no momento da atribuição do resultado. Compõem o nexo normativo:
» criação ou incremento de um risco proibido pelo agente;
» realização do risco no resultado; e
» exigência de que o resultado se encontre dentro do alcance do tipo (Cunha, 2016).

A análise do nexo normativo ocorre antes mesmo da análise da existência do dolo ou da culpa.

Causalidade nos crimes omissivos

Como se verifica, consta do texto expresso no *caput* do art. 13 do Código Penal que *causa* é a **ação ou omissão** sem qual o resultado não teria ocorrido. No entanto, conforme aponta a doutrina, **não existe nexo causal físico** no crime omissivo, pois o agente não pratica ação alguma.

Para os crimes omissivos, não foi adotada a teoria dos antecedentes causais, mas uma **teoria normativa** (art. 13, parágrafo 2º, do Código Penal), que reconhece no crime omissivo o **nexo causal normativo**, aquele estabelecido pela lei: "a omissão é penalmente relevante quando o omitente devia e podia agir para evitar o resultado" (Brasil, 1940).

O sujeito responderá pelo delito não porque sua omissão causou o resultado, mas porque deixou de realizar a conduta a que estava obrigado para impedir o resultado, ou seja, diante da inércia do agente, o ordenamento jurídico impõe uma ação, um fazer.

O parágrafo 2º do art. 13 do Código Penal, deve ser aplicado aos **crimes omissivos impróprios, espúrios ou comissivos por omissão** e disciplina as hipóteses do dever de agir:
» Quando tem por lei a obrigação de cuidado, de proteção ou de vigilância – Exemplo: pais em relação aos filhos.

» Quando assume a responsabilidade de impedir o resultado – O agente garante que o resultado não vai ocorrer, em regra, por meio de uma relação contratual. Exemplo: diretora de escola, que assume a responsabilidade de impedir qualquer resultado lesivo aos alunos; professor de natação, que assume a responsabilidade por seus alunos.

» Quando, por meio de seu comportamento anterior, cria o risco da ocorrência do resultado (ingerência) – Exemplo: o agente, de forma acidental, empurra uma pessoa na piscina (comportamento anterior); quando percebe o afogamento, deve agir para evitar o resultado; se deixar de agir, responderá por homicídio doloso.

Ressaltamos que, além do dever jurídico de agir para se imputar o resultado ao agente, é necessário analisar se ele **podia** agir e se tinha consciência da situação de fato e do dever de agir.

Portanto, nos **crimes omissivos impróprios**, a omissão **pode** ser penalmente relevante, a depender do preenchimento das circunstâncias apontadas pela lei.

No caso dos **crimes omissivos próprios**, o tipo penal não aloja um resultado naturalístico (são crimes de mera conduta), a omissão é descrita pelo tipo penal, e o crime se consuma com a simples inércia do agente. Exemplo: omissão de socorro (art. 135 do Código Penal). Nesses tipos de crimes, a omissão **sempre** é penalmente relevante, pois está expressa no tipo penal.

3.5.4 Tipicidade

Elemento do fato típico, a tipicidade penal compreende a formal e a material.

De acordo com a teoria tradicional, a tipicidade era a mera subsunção do fato à norma, analisada apenas sob o aspecto formal. Modernamente, a tipicidade penal passou a abranger um juízo de valor, consistente na relevância da lesão ou do perigo de lesão ao bem jurídico tutelado. Segundo esse entendimento, passou-se a admitir o princípio da insignificância como hipótese de atipicidade material da conduta (Cunha, 2016).

» **Tipicidade formal** – É o juízo de subsunção entre a conduta praticada pelo agente e o modelo descrito no tipo penal.

» **Tipicidade material** – É a lesão ou o perigo de lesão ao bem jurídico penalmente tutelado em razão da prática da conduta legalmente descrita.

» **Tipicidade penal** – Tipicidade formal + Tipicidade material. Teorias modernas.

» **Tipicidade conglobante** – Tipicidade penal = Tipicidade formal + Tipicidade conglobante. Trata-se da junção da tipicidade material com os atos antinormativos (Zaffaroni).

■ Fases da tipicidade

As fases da tipicidade estão doutrinariamente assim divididas (Masson, 2012):

» **Independência** – Beling – Não há ligação do fato típico com a ilicitude e com a culpabilidade. Há apenas a descrição do acontecimento, sem qualquer valoração.

» **Caráter indiciário da ilicitude (*ratio cognoscendi*)** – Mayer – É adotada pelo Código Penal brasileiro: ocorrendo um fato típico há um indício de ilicitude, que poderá ser afastada pelas excludentes de ilicitude (legítima defesa, estado de necessidade, estrito cumprimento de dever legal etc.).

- » **Essência da ilicitude** (*ratio essendi*) – Mezger – Todas as condutas típicas são ilícitas, a tipicidade não tem autonomia.
- » **Teoria dos elementos negativos do tipo** – A princípio, todas as condutas são ilícitas. Para um fato ser típico, não deve estar presente nenhuma causa de exclusão de ilicitude; se presente, não há sequer tipicidade.

Espécies de tipicidade

São duas espécies de tipicidade formal (ou formas de adequação típica). Conforme Cunha (2016), vejamos:
- » **Adequação típica imediata ou direta** – Ajuste entre o fato e a norma penal em um único dispositivo. Exemplo: o comportamento de subtrair para si coisa alheia móvel se subsume diretamente ao tipo penal previsto no art. 155, *caput*, do CP.
- » **Adequação típica mediata ou indireta** – A subsunção do fato à norma depende de uma norma de extensão. Exemplo: tentar subtrair para si coisa alheia móvel depende da aplicação conjunta do art. 14, inciso II, com o art. 155, *caput*, ambos do Código Penal para que o fato seja punível.

3.5.5 Teoria do tipo

Tipo é o modelo genérico e abstrato, contido na lei penal e que descreve uma conduta criminosa ou uma conduta permitida. Não se confunde com tipicidade, pois esta recai sobre o fato a fim de verificar se a conduta se subsume ao tipo penal formulado pelo legislador.

O tipo penal pode ser **incriminador**, que define a conduta criminosa, ou **permissivo**, quando descreve as situações que admitem a conduta apesar de o fato ser típico, referindo-se às causas de exclusão da ilicitude (eximentes ou justificativas).

■ Elementos do tipo penal
Os elementos do tipo penal são classificados doutrinariamente em (Masson, 2012):
» **Elementos objetivos ou descritivos** – Relacionam-se com os aspectos materiais, ou seja, as circunstâncias da conduta que não pertencem ao aspecto interno do agente constituem-se de elementos externos que não dependem de valoração cultural ou jurídica. Exemplo: "alguém" nos crimes de homicídio.
» **Elementos normativos** – Dependem de um juízo de valor para sua compreensão. Exemplo: expressões como "pudor", "insidioso", "sem justa causa" etc.
» **Elementos subjetivos** – Relacionam-se com a finalidade buscada pelo agente, com o ânimo interno do agente. Os elementos subjetivos podem ser:
  » subjetivo geral (dolo) – o agente quer o resultado ou assume o risco de produzi-lo; e
  » subjetivo especial – está presente o especial fim de agir do agente, ou seja, o tipo contém uma finalidade específica. Exemplo: para si ou para outrem; por motivo de, etc.
» **Elementos modais** – Expressam no tipo penal as condições específicas de tempo, de local ou de modo de execução. Exemplo: o crime de infanticídio (art. 123 do Código Penal) exige que seja realizado durante o parto ou logo após.

■ Classificação do tipo penal

De acordo com a doutrina, o tipo penal é classificado em (Masson, 2012):

- » **Tipo normal** – Prevê elementos de ordem objetiva.
- » **Tipo anormal** – Além dos elementos objetivos, prevê elementos subjetivos e/ou normativos.
- » **Tipo fundamental** – Retrata a forma mais simples da conduta criminosa, em regra, encontra-se no *caput* dos dispositivos.
- » **Tipo derivado** – Ao tipo fundamental somam-se situações que aumentam ou diminuem a pena. Divide-se em:
  - » tipos qualificados – qualificadoras;
  - » tipos circunstanciados – causas de aumento; e
  - » tipos privilegiados – causas de diminuição.
- » **Tipo fechado** – Descreve a conduta de forma minuciosa. Exemplo: crime de furto (art. 155 do Código Penal).
- » **Tipo aberto** – Exige uma interpretação no caso concreto, mediante um juízo de valor, pois não conta com uma descrição minuciosa da conduta. Exemplo: os crimes culposos, em regra.
- » **Tipo de autor** – Pune determinada pessoa em razão de suas condições pessoais.
- » **Tipo de fato** – Incrimina uma conduta, um fato contrário ao ordenamento jurídico.
- » **Tipo simples** – Define uma única conduta, ou seja, tem apenas um único núcleo.
- » **Tipo misto** – Descreve dois ou mais núcleos. Trata-se dos crimes de ação múltipla ou de conteúdo variado. Divide-se em:

» tipo misto alternativo – a lei penal descreve duas ou mais condutas, mas a prática sucessiva dos diversos núcleos caracteriza um crime único. Exemplo: art. 180, *caput*, do Código Penal: "Adquirir, receber, transportar, conduzir ou ocultar, em proveito próprio ou alheio, coisa que sabe ser produto de crime, ou influir para que terceiro, de boa-fé, a adquira, receba ou oculte" (Brasil, 1940).
» tipo misto cumulativo – a prática de mais de uma conduta descrita no tipo penal leva ao concurso material, e o agente será responsabilizado por todos os delitos. Exemplo: art. 198, *caput*, do Código Penal: "Constranger alguém, mediante violência ou grave ameaça, a celebrar contrato de trabalho, ou a não fornecer a outrem ou não adquirir de outrem matéria-prima ou produto industrial ou agrícola" (Brasil, 1940).
» **Tipo congruente** – Há perfeita identificação entre a vontade do autor e o fato descrito na lei penal, como ocorre nos crimes materiais consumados.
» **Tipo incongruente** – Não coincide a vontade do autor com o fato descrito na lei penal, como ocorre na tentativa, nos crimes culposos e nos crimes preterdolosos.
» **Tipo complexo** – Considerando a posição da teoria finalista, em que a culpa e o dolo foram transferidos para a conduta, o tipo penal contém elementos objetivos (modelo típico) e subjetivos (dolo e culpa); portanto, o tipo penal é complexo: há a fusão dos elementos objetivos (exterior), com os elementos subjetivos (interno do agente).

Mãos à obra

3) (MPE-BA – 2018) Assinale a alternativa correta:
   a. a atipicidade conglobante aflora em função de permissões que a ordem jurídica regularmente estabelece.
   b. a tipicidade penal como elemento essencial do delito não se satisfaz com a tipicidade legal, ou seja, a simples adequação da conduta a uma norma incriminadora.
   c. a tipicidade penal exige a adequação da conduta a uma norma incriminadora, bem assim, a violação de um imperativo de comando ou de proibição. Esse contexto resulta na denominada tipicidade conglobante.
   d. a teoria puramente normativa satisfaz as exigências jurídicas e éticas para justificar a omissão penalmente relevante.
   e. as alternativas "b" e "c" estão corretas.

3.6 Ilicitude

A *ilicitude*, também chamada de *antijuridicidade*, é a contrariedade do fato com o ordenamento jurídico. Praticado um fato típico, presume-se a ilicitude, que pode ser afastada por uma descriminante (Cunha, 2016).

Conforme o conceito analítico de crime (crime é fato típico, ilícito e culpável), a ilicitude é um dos elementos do crime (Cunha, 2016).

Fran Von Liszt estabeleceu esta distinção (Masson, 2012):
» **Ilicitude formal** – É a contradição entre o fato praticado pelo agente e a norma penal em vigor.
» **Ilicitude material** – É o conteúdo material do ilícito; decorre da conduta humana que causa lesão ao bem ou ao interesse tutelado pela norma.

Doutrinariamente, no entanto, prevalece o entendimento de que a ilicitude é formal, já que depende do exame da presença ou da ausência das causas de exclusão de ilicitude. Por sua vez, o aspecto material foi deslocado para o âmbito da tipicidade, pois a análise quanto à ocorrência ou não de lesão ao bem jurídico tutelado realiza-se na tipicidade material.

3.6.1 Concepção unitária da ilicitude

Em razão da discussão sobre o caráter formal ou material da ilicitude, na Alemanha, surgiu inicialmente uma concepção de que a ilicitude é uma só (concepção unitária), ou seja, não há divisão em ilicitude formal (contradição entre o fato praticado e a lei) e ilicitude material (conduta que causa lesão ao bem jurídico tutelado). Nesse sentido, o comportamento humano que afronta o ordenamento jurídico também ofende ou expõe a perigo de lesão os bens jurídicos protegidos pelo sistema legal, ou seja, a tipicidade formal não existe sem a tipicidade material, e o descumprimento da norma causa lesão ao bem jurídico tutelado (Masson, 2012).

3.6.2 Causas excludentes da ilicitude

A ilicitude poderá ser afastada diante da prova ou da dúvida da presença de alguma causa excludente da ilicitude (descriminantes ou justificantes).

O art. 23 do Código Penal elenca as principais causas justificantes:

> *Art. 23. Não há crime quando o agente pratica o fato:*
>
> *I – em estado de necessidade;*
> *II – em legítima defesa;*
> *III – em estrito cumprimento de dever legal ou no exercício regular de direito.* (Brasil, 1940)

No ordenamento jurídico brasileiro, é possível encontrar outras causas de excludentes da ilicitude, como, por exemplo, o aborto necessário (art. 128, I, do Código Penal).

É possível verificar, ainda, a existência de causa supralegal de justificação, não prevista em lei, mas reconhecida doutrinariamente. Exemplo: consentimento do ofendido.

■ Estado de necessidade

O art. 24, *caput*, do Código Penal prevê que se considera "em estado de necessidade quem pratica o fato para salvar de perigo atual, que não provocou por sua vontade, nem podia de outro modo evitar, direito próprio ou alheio, cujo sacrifício, nas circunstâncias, não era razoável exigir-se" (Brasil, 1940).

Do texto legal, depreende-se que a situação de necessidade pressupõe, inicialmente, que exista um perigo atual, colocando em risco dois ou mais bens jurídicos. No entanto, não será possível a proteção de todos os bens em perigo, permitindo-se que seja sacrificado um deles para salvar o outro.

> **Exemplificando**
>
> Um exemplo clássico é o da "tábua da salvação": em um naufrágio, duas pessoas precisam usar uma tábua para salvar suas vidas, mas a tábua suporta apenas o peso de uma. Nesse caso, o direito admite que uma das vidas seja sacrificada para o salvamento da outra.

Requisitos do estado de necessidade
» **Perigo atual** – O perigo gerador da probabilidade do dano deve ser presente, real. Esse requisito tem expressa previsão legal. Quanto ao perigo iminente (aquele prestes a acontecer), embora não esteja expressamente previsto em lei, pode ser admitido, pois a probabilidade de dano no caso concreto pode admitir o perigo iminente. Contudo, não se aceita perigo remoto ou incerto.
» **Situação de perigo não causada voluntariamente pelo agente** – Não se admite a excludente na hipótese de ter o agente causado a situação de perigo por sua própria vontade. A voluntariedade (dolo) do agente afasta a excludente. Contudo, no caso de o agente provocar a situação de perigo de forma culposa, a doutrina se divide. A maioria da doutrina entende que não há impedimento legal no caso de culpa, podendo o agente que agiu de forma culposa beneficiar-se do estado de necessidade. Há, no entanto, entendimento contrário, equiparando a provocação voluntária tanto à dolosa quanto à culposa, em

razão do dever jurídico do agente de impedir o resultado, independentemente de dolo ou culpa, com base no art. 13, parágrafo 2º, alínea "c", do Código Penal (Masson, 2012).

» **Ameaça a direito próprio ou alheio** – Essa excludente pode ser suscitada quando nos casos em que o agente, diante da real situação de perigo, almeja salvar direito próprio (estado de necessidade próprio) ou direito alheio (estado de necessidade de terceiro).

» **Inexistência de dever legal de enfrentar o perigo** – O parágrafo 1º do art. 24 do Código Penal assim estabelece: "Não pode alegar estado de necessidade quem tinha o dever legal de enfrentar o perigo" (Brasil, 1940). O dispositivo aplica-se aos casos em que determinados sujeitos têm o dever legal de enfrentar o perigo (sendo possível), como bombeiros e policiais, não podendo alegar estado de necessidade no exercício da função para a defesa de seu próprio direito.

» **Inevitabilidade da prática do fato lesivo** – Quando o agente não podia evitar o fato de outro modo, ou seja, diante do caso concreto, o comportamento deve ser inevitável para salvar o direito próprio ou de terceiro, e o agente deverá optar pela conduta menos gravosa para o terceiro que sofre a ofensa.

» **Inexigibilidade de sacrifício do interesse ameaçado** – Não era razoável exigir, diante das circunstâncias, o sacrifício. Na situação concreta, impõe-se uma análise comparativa entre o bem salvo e o bem sacrificado, fazendo-se uma ponderação entre os bens (razoabilidade). Entretanto, apesar de a lei penal exigir razoabilidade na escolha do bem jurídico a ser protegido – "cujo sacrifício, nas circunstâncias, não era razoável exigir-se" (Brasil, 1940, art. 24) –, o Código Penal não estabelece expressamente que o bem protegido deva ser maior, igual ou de menor valor que o bem lesado para que se admita o estado de necessidade. Com relação a essa discussão, duas teorias se destacam:

» Teoria diferenciadora – Se o bem jurídico sacrificado tiver valor menor ou igual ao do bem jurídico protegido pelo agente, haverá **estado de necessidade justificante (excludente de ilicitude)**; se o bem jurídico sacrificado tiver valor maior que o bem protegido, haverá **estado de necessidade exculpante (excludente da culpabilidade)**. O Código Penal Militar adota a teoria diferenciadora.

» Teoria unitária – É a adotada pelo Código Penal brasileiro, que admite apenas o **estado de necessidade justificante (excludente de ilicitude)**, ou seja, o agente poderá suscitar o estado de necessidade quando o bem jurídico sacrificado tiver valor menor ou igual ao bem jurídico protegido, excluindo-se a ilicitude. Se o bem jurídico sacrificado for mais valioso que o protegido, haverá redução de pena. Vejamos o teor do parágrafo 2º do art. 24 do Código Penal: "Embora seja razoável exigir-se o sacrifício do direito ameaçado, a pena poderá ser reduzida de um a dois terços" (Brasil, 1940).

> **Exemplificando**
>
> 1. O agente, para salvar sua vida, sacrifica o patrimônio de outro (o estado de necessidade justificante exclui a ilicitude em razão de a vida ser um bem jurídico de maior importância em relação ao patrimônio).
> 2. O agente, para salvar seu patrimônio, sacrifica a vida de outro (para a teoria diferenciadora, pode ser caso de exclusão da culpabilidade – estado de necessidade exculpante; para a teoria unitária, houve o crime, podendo incidir, conforme o caso concreto, uma causa de diminuição de pena).

» **Conhecimento da situação de fato justificante** – Segundo a teoria finalista (Welzel), o agente precisa ter consciência da situação justificante (elemento subjetivo do tipo permissivo), devendo ter conhecimento de que sua conduta lesiva objetiva salvar de perigo atual direito próprio ou alheio (Cunha, 2016).

Legítima defesa

O art. 25 do Código Penal prevê que está "em legítima defesa quem, usando moderadamente dos meios necessários, repele injusta agressão, atual ou iminente, a direito seu ou de outrem" (Brasil, 1940). Nesse sentido, é justificada a conduta de quem, usando moderadamente dos meios necessários, repele injusta agressão, atual ou iminente, a direito seu ou de outrem, excluindo-se, dessa forma, a ilicitude da conduta.

Requisitos da legítima defesa
» **Agressão** – Como *agressão* compreende-se a conduta humana (ação ou omissão) de ataque que lesiona ou expõe a perigo direito de alguém. Contra agressão de animal pode ser invocado o estado de necessidade, exceto se o animal for utilizado como instrumento do ataque por um ser humano.
» **Injusta** – A agressão deverá ser contrária ao direito (ilícita), não se exigindo necessariamente que seja típica. Quanto à agressão causada por um inimputável (sem consciência da conduta), prevalece, na doutrina, o entendimento de que, aferida objetivamente, pode caracterizar agressão injusta, autorizando o agredido a proceder em legítima defesa. Por outro lado, há posição doutrinária afirmando que, contra as agressões de inimputáveis, só é cabível o estado de necessidade, em que se exige que o perigo seja inevitável, característica não exigida na legítima defesa (Masson, 2012). Há, ainda, as seguintes peculiaridades:
  » não é possível **legítima defesa de legítima defesa de forma simultânea**, pois, se uma das pessoas se encontra em legítima defesa, não haverá conduta injusta, e o agressor não poderá agir amparado pela excludente;
  » permite-se a **legítima defesa sucessiva**, admitindo-se a legítima defesa contra eventual excesso por parte daquele que iniciou sua conduta em legítima defesa e, posteriormente, intensificou de forma desnecessária sua ação (Masson, 2012).

- » **Agressão atual ou iminente** – A agressão atual deve ser a presente, ou seja, aquela que está ocorrendo, não se admitindo legítima defesa contra agressão passada ou futura. Por sua vez, agressão iminente é aquela que está prestes a ocorrer.
- » **Uso moderado dos meios necessários** – A legítima defesa deve ocorrer de forma proporcional, o suficiente para conter a injusta agressão. O agredido deve usar de forma moderada o meio necessário para sua defesa. De acordo com o caso concreto, o meio necessário será o menos lesivo no momento da agressão, devendo ser utilizado de forma moderada, que seja suficiente para repelir o ataque de forma eficiente.
- » **Proteção do direito próprio ou de outrem** – O direito a ser protegido abrange qualquer bem tutelado pelo ordenamento jurídico, de titularidade do agente ou de terceiro. O terceiro, titular do bem jurídico a ser protegido, não precisa necessariamente ter vínculo de parentesco com o agente. Encontra-se pacificado o entendimento de que, tratando-se de bem jurídico indisponível (exemplo: a vida), a legítima defesa de terceiro não depende de sua autorização. Por outro lado, quando se tratar de bens jurídicos disponíveis (exemplo: o patrimônio), a legítima defesa de terceiro dependeria de autorização do titular do direito; no entanto, alguém pode agir entendendo estar amparado pela excludente, sendo caso de legítima defesa putativa (Masson, 2012).
- » **Conhecimento da situação de fato justificante** – Segundo a teoria finalista (Welzel), o sujeito deve ter consciência da agressão injusta e manifestar a vontade de defender o direito ameaçado ou violado (elemento subjetivo do tipo permissivo) (Cunha, 2016).

Outras formas de legítima defesa
- » **Legítima defesa recíproca** – É a legítima defesa contra legítima defesa (inadmissível, salvo a legítima defesa putativa).
- » **Legítima defesa putativa** – É a legítima defesa imaginária, o sujeito pode supor a existência de agressão ou por errar quanto aos limites da excludente.
- » **Legítima defesa sucessiva** – Trata-se da reação contra o excesso.
- » **Legítima defesa real** – Exclui a ilicitude.
- » **Legítima defesa própria** – Verifica-se quando o agente age em proteção a direito próprio.
- » **Legítima defesa de terceiro** – Refere-se à situação em que o sujeito defende direito alheio.
- » **Legítima defesa subjetiva** – Ocorre quando há excesso exculpante decorrente de erro inevitável diante da situação fática (o agente supõe persistir a agressão inicial e acaba excedendo-se na repulsa).
- » **Legítima defesa com *aberratio ictus*** – Ocorre quando o sujeito, ao repelir agressão injusta, por erro na execução, atinge bem de pessoa diversa da que o agredia. Nesse caso, não haverá responsabilidade criminal, mas deverá responder por danos causados ao terceiro na esfera cível, tendo direito de regresso contra seu agressor.

Quadro 3.3 – Comparativo entre estado de necessidade e legítima defesa

Legítima defesa	Estado de necessidade
Pressupõe agressão injusta.	Pressupõe perigo.
Há ameaça ou ataque a um bem jurídico.	Há conflito entre vários bens jurídicos diante de uma mesma situação de perigo.

(continua)

(Quadro 3.3 – conlusão)

Legítima defesa	Estado de necessidade
Não se exige que a agressão seja evitável.	Exige-se que o perigo seja inevitável.
A agressão deve ser humana.	Admite-se contra conduta humana, ataque de animal ou força da natureza.
A conduta é dirigida contra o agressor.	A conduta pode ser dirigida contra terceiro inocente.

■ Estrito cumprimento do dever legal

Previsto no art. 23, inciso III, primeira parte, do Código Penal, o estrito cumprimento do dever legal refere-se à hipótese de exclusão de ilicitude caracterizada quando o agente, por vezes amparado legalmente, pratica fatos típicos para executar ato legal. Nesse caso, não estará praticando conduta ilícita (Brasil, 1940). Exemplo: oficial de Justiça realizando arrombamento e busca e apreensão.

Requisitos do estrito cumprimento do dever legal
» Existência de um dever legal (aquele emanado de norma jurídica).
» Observância aos limites impostos (estrito cumprimento).
» Consciência de que a conduta praticada ocorre em virtude do cumprimento da lei.

Destinatários da excludente
» Funcionário público ou agente público que age por ordem de lei.
» Particular que exerce função pública (jurado, perito, mesário etc.).

» Particular quando atua no cumprimento de um dever imposto por lei. Exemplo: advogado não pratica falso testemunho quando se recusa a depor sobre fatos acobertados pelo sigilo profissional (art. 2º e 7º da Lei n. 8.906, de 4 de julho de 1994 – Brasil, 1994).

Exercício regular de um direito

A segunda parte do inciso III do art. 23 do Código Penal traz expressamente o exercício regular de um direito como causa de exclusão da ilicitude. Quando o agente pratica uma conduta em exercício regular de um direito, não há de se falar em ilicitude, pois, se a lei permite, não pode, ao mesmo tempo, proibir.

No entanto, o exercício desse direito deve ocorrer de forma regular, ou seja, obedecendo às regras impostas, caso contrário, poderá ser considerado abusivo, não afastando a ilicitude.

Exemplificando

1. Agem amparados pela causa de justificação os pais que castigam (moderadamente) os filhos como meio de dirigir-lhe a criação e a educação (art. 1.634, inciso I, do Código Civil – Brasil, 2002b).
2. Execução de prisão em flagrante por qualquer um do povo (art. 301 do Código de Processo Penal – Brasil, 1941b).

Distingue-se do estrito cumprimento de dever legal, já que, neste, o agente está obrigado a cumprir a determinação legal, e no exercício regular de direito, o agente está autorizado a exercer o direito, mas tem a opção entre exercer ou não o direito assegurado.

Hipóteses de exercício regular de um direito
- » **Lesões em atividades esportivas** – O Estado incentiva os esportes, portanto, respeitadas as regras regulamentares, configuram-se exercício regular de direito.
- » **Intervenções médicas ou cirúrgicas** – Para configurar a excludente, é indispensável consentimento do paciente, exceto para salvar o paciente de iminente risco de vida, quando estará acobertado tanto pelo exercício regular de direito quanto pelo estado de necessidade.
- » **Ofendículos** – Arame farpado, cerca elétrica, cacos de vidro sobre os muros: devem ser visíveis e utilizados como meio de advertência, evitando-se o excesso; se acionados no momento da injusta agressão à propriedade, é possível configurar-se a excludente da legítima defesa preordenada.

■ Consentimento do ofendido

O consentimento do ofendido pode funcionar como causa supralegal de exclusão da ilicitude quando envolver bem jurídico disponível e capacidade do ofendido.

É importante ressaltar que, para caracterizar a excludente de ilicitude, não deve ser elementar do crime quando o consentimento exclui a tipicidade. Exemplo: violação de domicílio (art. 150 do Código Penal) – o dissentimento (não consentimento) é elementar do tipo e sua falta exclui a tipicidade.

Requisitos do consentimento do ofendido
- » A falta de consentimento não pode ser elementar do tipo (exclui a tipicidade).
- » O ofendido deve ser capaz.
- » Deve tratar-se de bem próprio disponível.
- » O agente deve estar ciente do consentimento do ofendido.

3.6.3 Excesso

De acordo com o parágrafo único do art. 23 do Código Penal, o "agente, em qualquer das hipóteses deste artigo, responderá pelo excesso doloso ou culposo" (Brasil, 1940). O *excesso* constitui-se de desnecessária intensificação de uma conduta inicialmente legítima, amparada por uma causa de justificação, responsabilizando o agente pelo excesso doloso ou culposo.

O excesso pode ocorrer quanto aos meios empregados, bem como quanto à falta de moderação.

Espécies de excesso
» **Excesso intencional ou voluntário (doloso/consciente)** – O agente responderá pelo resultado excessivo a título de dolo.
» **Excesso culposo** – Decorre da inobservância do dever de cuidado do agente enquanto atua amparado por uma das excludentes da ilicitude. Responderá por crime culposo praticado.
» **Excesso exculpante** – Deriva da perturbação de ânimo, medo ou susto; o agente não responde pelo excesso em virtude da inexigibilidade de conduta diversa.
» **Excesso extensivo/impróprio** – Ocorre depois de cessada a agressão ilícita, tornando-se ilegítima, e o agente responderá pelo resultado que causou durante o excesso, caso tenha agido com dolo ou culpa.
» **Excesso intensivo** – Ocorre enquanto persiste a agressão injusta, ou seja, quando o agente não age desde o início de forma moderada, superando os limites impostos pela lei. Pode ser doloso ou culposo.

Mãos à obra

4) (Fumarc – 2018 – PC-MG) Com relação às causas de exclusão da ilicitude, é correto afirmar:
   a. Astrogildo colocou cacos de vidro, visíveis, em cima do muro de sua casa, para evitar a ação de ladrões. Certo dia, uma criança neles se lesionou ao pular o muro da casa de Astrogildo para pegar uma bola que ali havia caído. Nessa situação, ainda que se tratando da defesa de um perigo incerto e ou remoto, a conduta de Astrogildo restaria acobertada por excludente da ilicitude.
   b. No caso de legítima defesa ou estado de necessidade de terceiros, é imprescindível a prévia autorização destes para que a conduta do agente não seja ilícita.
   c. Caio, lutador de boxe, durante uma luta em que seguia as regras desportivas, atinge região vital de Tício, causando-lhe a morte. Ante a gravidade da situação fática, a violência não encontra amparo em nenhuma causa de exclusão da ilicitude, devendo Caio responder pela morte causada.
   d. Nos moldes do finalismo penal, pode a inexigibilidade de conduta diversa ser considerada causa supralegal de exclusão de ilicitude.

3.7 Culpabilidade

Culpabilidade é o juízo de reprovação do agente ao praticar um fato típico e ilícito quando podia entender o caráter ilícito do fato e agir conforme o direito.

No sistema finalista, para a teoria tripartida, pelo conceito analítico, *crime* é fato típico, antijurídico e culpável, sendo a culpabilidade elemento do crime. Por sua vez, para a teoria bipartida, em que *crime* é fato típico e antijurídico, a culpabilidade é pressuposto de aplicação da pena.

3.7.1 Teorias sobre a culpabilidade

As teorias da culpabilidade diferem quanto aos elementos que a compõem. Historicamente, destacam-se as teorias a seguir elencadas.

■ Teoria psicológica da culpabilidade
Teoria concebida por Franz von Liszt e Ernst von Beling, é aplicável no campo da teoria clássica da conduta (dolo e culpa integram a culpabilidade). Segundo essa teoria, *culpabilidade* é a relação psíquica entre o autor e o resultado típico e ilícito por ele praticado; o dolo e a culpa confundem-se com a culpabilidade, a qual tem como pressuposto a imputabilidade (Cunha, 2016).

O dolo é normativo, pois contém a consciência da ilicitude (Cunha, 2016).

Críticas: não conseguiu explicar a culpa inconsciente (não há vínculo psicológico entre o autor e o fato); também não resolveu as hipóteses de inexigibilidade de conduta diversa, em que o sujeito age com dolo, mas o crime não pode ser a ele imputado (ex.: coação moral irresistível) (Cunha, 2016).

Quadro 3.4 – Teoria psicológica da culpabilidade – Elementos do crime

Fato típico	Ilicitude	Culpabilidade
1) conduta 2) resultado naturalístico 3) nexo causal 4) tipicidade	–	Pressuposto: imputabilidade Espécies: dolo normativo ou culpa

■ Teoria psicológica normativa da culpabilidade

De acordo com essa teoria, a *culpabilidade* pode ser definida como o juízo de reprovabilidade que recai sobre o autor de um fato típico e ilícito que poderia ser evitado (Masson, 2012).

Em 1907, com a proposta de Reinhart Frank, a estrutura da culpabilidade passou a ser composta por três elementos: (1) imputabilidade; (2) dolo ou culpa; e (3) exigibilidade de conduta diversa (Masson, 2012).

A culpabilidade deixava, então, de ser apenas psicológica, atribuindo-se a ela um elemento normativo (exigibilidade de conduta diversa), de modo a afastar a culpabilidade quando não era possível exigir do sujeito um comportamento conforme o ordenamento jurídico (Masson, 2012).

Críticas: manutenção do dolo e da culpa como elementos da culpabilidade; consciência atual da ilicitude alojada no dolo normativo, ou seja, a consciência da ilicitude deve estar efetivamente presente no caso concreto (Masson, 2012).

*Quadro 3.5 – Teoria psicológica normativa da culpabilidade –
Elementos do crime*

Fato típico	Ilicitude	Culpabilidade
1) conduta 2) resultado naturalístico 3) nexo causal 4) tipicidade	–	1) imputabilidade 2) dolo (normativo) ou culpa 3) exigibilidade de conduta diversa

■ **Teoria normativa pura da culpabilidade (ou extremada da culpabilidade)**

O sistema finalista, decorrente do finalismo penal de Hans Welzel, adotou a teoria normativa pura da culpabilidade. Diz-se *normativa* porque os elementos psicológicos, dolo e culpa, que constituíam a culpabilidade conforme a teoria psicológico-normativa da culpabilidade, foram deslocados para o fato típico, alojando-se no interior da conduta (Masson, 2012).

No entanto, o dolo alojado no interior da conduta está despido da consciência da ilicitude, passando a ser **dolo natural** (Masson, 2012).

A consciência da ilicitude permaneceu na culpabilidade, deixando de ser atual, como era no sistema clássico, para ser potencial (Masson, 2012).

*Quadro 3.6 – Teoria normativa pura, extrema ou estrita –
Elementos do crime*

Fato típico	Ilicitude	Culpabilidade
1) conduta (dolo natural ou culpa) 2) resultado naturalístico 3) nexo causal 4) tipicidade	–	1) imputabilidade 2) potencial consciência da ilicitude 3) exigibilidade de conduta diversa.

■ Teoria limitada da culpabilidade
Pela teoria limitada, a culpabilidade constitui-se pelos mesmos elementos mencionados pela teoria normativa pura: imputabilidade, potencial consciência da ilicitude e exigibilidade de conduta diversa (Masson, 2012).

Conforme o art. 20, parágrafo 1º, do Código Penal, a diferença reside quanto à natureza jurídica das descriminantes putativas sobre situação fática (Brasil, 1940). Para a teoria limitada, trata-se de hipótese de erro de tipo e, para a teoria normativa pura/extremada, equipara-se a erro de proibição (Masson, 2012).

O Código Penal brasileiro adotou a teoria limitada da culpabilidade (Masson, 2012).

■ Teoria da coculpabilidade
Eugênio Raul Zaffaroni desenvolveu a teoria da coculpabilidade com o escopo de considerar, na apreciação da culpabilidade do agente, as desigualdades sociais, que diminuem o âmbito de autodeterminação do agente, a fim de estabelecer a responsabilidade do Estado pelos atos criminosos dos agentes que sofreram influência de fatores sociais negativos, ensejando uma menor reprovação social (Masson, 2012).

Na dosimetria da pena, por essa teoria, a coculpabilidade deve ser considerada como uma atenuante inominada, que, em nosso ordenamento, pode ser justificada com a aplicação do art. 66 do Código Penal: "A pena poderá ser ainda atenuada em razão de circunstância relevante, anterior ou posterior ao crime, embora não prevista expressamente em lei" (Brasil, 1940).

Culpabilidade às avessas
É necessário um breve comentário a respeito da teoria da culpabilidade às avessas. Como o próprio nome indica, ela se

contrapõe à teoria da coculpabilidade defendida pela doutrina de Zaffaroni e mostra a seletividade no sistema penal, que se manifesta sob os seguintes aspectos (Cunha, 2016):
» Abrandamento da sanção de delitos praticados por pessoas com alto poder aquisitivo, como ocorre nos crimes de cifra dourada (colarinho branco, crimes contra a ordem tributária e econômica etc.). Exemplo: extinção da punibilidade pelo pagamento da dívida nos crimes contra a ordem tributária.
» Tipificação de condutas que só podem ser praticadas por pessoas excluídas socialmente. Exemplo: vadiagem (art. 59 da Lei de Contravenções Penais) e a revogada mendicância (art. 60 da Lei de Contravenções Penais).

3.7.2 Elementos da culpabilidade

A seguir, apresentaremos os três elementos da culpabilidade: imputabilidade, potencial consciência da ilicitude e exigibilidade de conduta diversa.

▉ Imputabilidade

Imputabilidade é a capacidade mental de compreender o caráter ilícito do fato e de determinar-se de acordo com esse entendimento. É decorrente da capacidade de imputação da responsabilidade pela prática de uma infração penal (Brasil, 1940, art. 26).

Elementos da imputabilidade
» **Intelectivo** – Saúde psíquica que permita ao agente compreender a ilicitude do fato.
» **Volitivo** – O agente domina sua vontade e determina sua conduta.

Critérios para identificação da inimputabilidade

Antes de iniciarmos o exame das hipóteses de inimputabilidade previstas em nosso ordenamento, é necessário comentar, mesmo que de forma sucinta, os critérios adotados para se aferir a inimputabilidade:

> » **Critério biológico** – O que importa é apenas o desenvolvimento mental do agente (saúde mental/idade), não levando em consideração se o agente, ao tempo da conduta, tinha capacidade de entendimento e autodeterminação.
>
> » **Critério psicológico** – Diferentemente do critério biológico, considera apenas se o agente tinha, ao tempo da conduta, a capacidade de entendimento e autodeterminação, independentemente de sua condição mental ou idade.
>
> » **Critério biopsicológico** – É considerado inimputável aquele que, em razão de sua condição mental, era, ao tempo da conduta, inteiramente incapaz de entender o caráter ilícito do fato ou de determinar-se de acordo com esse entendimento.

Com relação à menoridade penal (18 anos), o legislador adotou o critério biológico.

Quanto à situação psíquica do agente, o direito penal brasileiro acolheu o sistema biopsicológico para a verificação da inimputabilidade, cabendo ao juiz avaliar a parte psicológica, e à perícia médica, elaborar laudo sobre a situação mental do acusado.

No entanto, a instauração de incidente de insanidade mental com a exigência de perícia médica dependerá da existência de indícios plausíveis de que, ao tempo do fato, o réu era incapaz de entender o caráter ilícito da conduta ou de determinar-se de acordo com esse entendimento.

Causas de inimputabilidade

Sobre o tema, vejamos o teor de alguns dispositivos do Código Penal:

Inimputáveis

Art. 26. É isento de pena o agente que, por doença mental ou desenvolvimento mental incompleto ou retardado, era, ao tempo da ação ou da omissão, inteiramente incapaz de entender o caráter ilícito do fato ou de determinar-se de acordo com esse entendimento.

Redução de pena

Parágrafo único. A pena pode ser reduzida de um a dois terços, se o agente, em virtude de perturbação de saúde mental ou por desenvolvimento mental incompleto ou retardado não era inteiramente capaz de entender o caráter ilícito do fato ou de determinar-se de acordo com esse entendimento.

Menores de dezoito anos

Art. 27. Os menores de 18 (dezoito) anos são penalmente inimputáveis, ficando sujeitos às normas estabelecidas na legislação.

Emoção e paixão

Art. 28. Não excluem a imputabilidade penal:

I – a emoção ou a paixão;

Embriaguez

II – a embriaguez, voluntária ou culposa, pelo álcool ou substância de efeitos análogos.

§ 1º É isento de pena o agente que, por embriaguez completa, proveniente de caso fortuito ou força maior, era,

ao tempo da ação ou da omissão, inteiramente incapaz de entender o caráter ilícito do fato ou de determinar-se de acordo com esse entendimento.

§ 2º A pena pode ser reduzida de um a dois terços, se o agente, por embriaguez, proveniente de caso fortuito ou força maior, não possuía, ao tempo da ação ou da omissão, a plena capacidade de entender o caráter ilícito do fato ou de determinar-se de acordo com esse entendimento. (Brasil, 1940, grifo do original)

Assim, em suma, estão previstas no Código Penal as seguintes causas de inimputabilidade:

» doença mental;
» desenvolvimento mental incompleto;
» desenvolvimento mental retardado;
» menoridade; e
» embriaguez completa proveniente de caso fortuito ou força maior.

Constatada a inimputabilidade prevista no art. 26, *caput*, do Código Penal, a sentença será absolutória, conforme preceitua o art. 386, inciso VI, do Código de Processo Penal (Brasil, 1941b). Nesse caso, o juiz proferirá uma sentença absolutória imprópria, pois será aplicada uma medida de segurança.

Se a incapacidade for relativa (art. 26, parágrafo único, do Código Penal), haverá a condenação, mas com redução de pena.

» **Inimputabilidade por doença mental** – Interpretada de forma ampla, *doença mental* diz respeito aos problemas de saúde mental e, também, às situações decorrentes de origem toxicológica. Trata-se de situações que suprimem do ser humano a sanidade suficiente para entender o caráter ilícito do fato e determinar-se de acordo com esse entendimento. Segundo o art. 26, *caput*, do Código Penal, adotando o critério biopsicológico, portanto, não basta que o agente tenha um problema mental, exige-se que em razão dele o sujeito seja incapaz ao tempo da conduta, caso contrário, se houver momento de lucidez no momento do ato ilícito, será tratado como imputável (Brasil, 1940).

» **Inimputabilidade por desenvolvimento mental incompleto** – O desenvolvimento mental incompleto abrange os menores de 18 anos e, a depender da situação, os silvícolas. Para os menores de 18 anos, conforme já mencionado, o critério adotado foi o biológico, e a imputabilidade está estabelecida legalmente. Quanto aos silvícolas, nem sempre serão inimputáveis, e a análise deve acontecer conforme o caso concreto, ocasião em que se verificará o grau de assimilação dos valores sociais, considerando sua capacidade de viver em sociedade ciente das regras que lhe são inerentes. Ainda a depender do caso concreto, a não integração poderá ser considerada como causa de excludente da culpabilidade por ausência de potencial consciência da ilicitude ou inexigibilidade de conduta diversa.

» **Inimputabilidade por desenvolvimento mental retardado** – Decorre de desenvolvimento interrompido ou incompleto da mente humana; o desenvolvimento mental não se compatibiliza com a fase da vida em que o indivíduo se encontra, sendo diferente em pessoas com a mesma idade cronológica. Implica um comprometimento de habilidades cognitivas, de linguagem, motoras e sociais, influenciando na capacidade do agente, tornando-o incapaz de compreender, ao tempo da ação ou da omissão, o caráter ilícito do fato e de determinar-se de acordo com esse entendimento. Obs.: O surdo-mudo, em regra, é **imputável**, dependendo de perícia médica para aferir o grau de comprometimento da habilidade sensorial que influenciou em sua capacidade no momento da conduta.

» **Inimputabilidade pela menoridade** – Conforme preceitua o art. 27 do Código Penal e o art. 228 da CF de 1988, os menores de 18 anos são penalmente inimputáveis, sujeitos às normas estabelecidas na legislação especial. No caso da menoridade penal, o legislador adotou o critério biológico, pois, considerando a idade, levou em conta apenas o desenvolvimento mental incompleto do acusado, independentemente se, ao tempo da ação ou da omissão, tinha capacidade de determinar-se ciente da conduta ilícita (Brasil, 1940; Brasil, 1988).

» **Inimputabilidade em razão de embriaguez** – A causa de inimputabilidade se verificará quando a embriaguez ocorrer de forma completa e proveniente de caso fortuito ou força maior (embriaguez **acidental** ou **involuntária**), conforme prevê o art. 28, parágrafo 1º, do Código Penal (Brasil, 1940). Na situação de caso fortuito, o agente ignora o efeito da substância; e, no caso de força maior, o agente é obrigado a ingerir a substância inebriante. Por sua vez, a embriaguez **não acidental** não exclui a imputabilidade (Código Penal, art. 28, II). A embriaguez **patológica** pode configurar anomalia psíquica e, nesse caso, deverá ser tratada como doença mental, incidindo a causa de inimputabilidade prevista no art. 26 do Código Penal. Tratando-se de embriaguez **preordenada**, aquela em que o agente ingere bebida alcóolica ou substância análoga com a finalidade de cometer um crime, consistindo em meio para a prática do delito, não haverá causa de exclusão de imputabilidade ou de redução de pena, incidindo a agravante prevista no art. 61, inciso II, alínea "l", do Código Penal. Nesse caso, a justificativa da imputabilidade encontra respaldo no princípio da *actio libera in causa*, evitando a responsabilidade criminal objetiva, vedada em nosso ordenamento. A análise da imputabilidade deve ser feita em momento anterior à conduta criminosa. A consciência do agente no momento da ingestão da bebida, quando agiu voluntariamente e com fim de cometer o crime, transfere-se para o momento da conduta criminosa, quando pratica o crime estando embriagado. A embriaguez, no caso concreto, poderá resultar nas consequências indicadas no Quadro 3.7, a seguir.

Quadro 3.7 – Embriaguez – Consequências

Agente e resultado na embriaguez	Consequências
É imputável. Prevê o resultado. Deseja o resultado.	Crime doloso (dolo direto)
É imputável. Prevê o resultado. Assume o risco de produzi-lo.	Crime doloso (dolo eventual)
É imputável. Prevê o resultado. Acredita que pode evitar o resultado.	Crime culposo (culpa consciente)
É imputável. Não previu o resultado. Resultado previsível.	Crime culposo (culpa inconsciente)

Causas não excludentes da imputabilidade
» **Emoção e paixão** – O art. 28, inciso I, do Código Penal expressamente estabelece que a emoção e a paixão não excluem a responsabilidade penal. A emoção, como estado súbito e passageiro, pode ser considerada como circunstância atenuante, de acordo com o art. 65, inciso III, alínea

"c", do Código Penal, ou como causa de diminuição de pena, quando houver previsão legal específica (ex.: art. 121, parágrafo 1º, do Código Penal). Por sua vez, a paixão é sentimento crônico e duradouro e, dependendo do quanto interferiu na capacidade de entendimento do agente, poderá ser encarada como doença mental (paixão patológica).

» **Semi-imputabilidade** – Prevista no art. 26, parágrafo único, do Código Penal, a semi-imputabilidade é causa de diminuição de pena de um a dois terços se o agente, em virtude de perturbação de saúde mental ou por desenvolvimento mental incompleto ou retardado, não era inteiramente capaz de entender o caráter ilícito do fato ou de determinar-se de acordo com esse entendimento. Portanto, não há exclusão da culpabilidade, e o agente sofrerá condenação, mas o juiz diminuirá a pena no momento de sua fixação, podendo, ainda, substituí-la por medida de segurança (Brasil, 1940).

» **Embriaguez não acidental (voluntária ou culposa)** – A embriaguez não acidental não exclui a culpabilidade. A voluntária verifica-se quando o agente ingere bebidas alcóolicas com a intenção de embriagar-se, e a culposa, quando o agente se embriaga de forma imprudente, sem a devida atenção. No caso de ingestão voluntária, o Código Penal adotou a teoria da *actio libera in causa*, responsabilizando o agente conforme o estado anterior de capacidade no momento em que o agente ingere a substância, e não no momento do crime.

» **Embriaguez acidental incompleta** – O parágrafo 2º do art. 28 do Código Penal prevê a possibilidade de redução de pena de um a dois terços se o agente, por embriaguez proveniente de caso fortuito ou força maior, não tinha, ao tempo da ação ou da omissão, a plena capacidade de entender o caráter ilícito do fato ou de determinar-se de acordo com esse entendimento.

▪ Potencial consciência da ilicitude

Como segundo elemento da culpabilidade, a potencial consciência da ilicitude representa a possibilidade de o agente saber que sua conduta é proibida, possibilitando o juízo de reprovação (Azevedo; Salim, 2015).

Nessa apreciação, não há necessidade de que o agente tenha compreensão técnica elaborada sobre a ilicitude da conduta, mas apenas a percepção inerente ao homem comum ("valoração paralela na esfera do profano"), sendo suficiente um juízo geral do caráter ilícito do fato e da possibilidade de se atingir esse juízo por um esforço normal da inteligência (Azevedo; Salim, 2015).

Erro de proibição

O erro de proibição tem previsão no art. 21 do Código Penal, sendo causa excludente (dirimente) da potencial consciência da ilicitude:

> Art. 21. O desconhecimento da lei é inescusável. O erro sobre a ilicitude do fato, se inevitável, isenta de pena; se evitável, poderá diminuí-la de um sexto a um terço.
>
> Parágrafo único. Considera-se evitável o erro se o agente atua ou se omite sem a consciência da ilicitude do fato, quando lhe era possível, nas circunstâncias, ter ou atingir essa consciência. (Brasil, 1940)

De fato, após publicada no Diário Oficial da União, a ninguém é dado alegar desconhecimento da lei, pois esta se presume de conhecimento de todos. No entanto, o erro de proibição diz respeito ao engano quanto à proibição de seu comportamento, o agente mesmo conhecendo a lei, de forma equivocada avalia que sua conduta não é reprovável legalmente (Azevedo; Salim, 2015).

O que deve ser avaliado é se o agente tinha o conhecimento do homem leigo na sociedade ("valoração paralela na esfera do profano"). Exemplo: o agente, mesmo sabendo que homicídio é crime, acredita que o tipo não se aplica em situação de eutanásia (Azevedo; Salim, 2015).

» **Formas e efeitos de erro de proibição** – O erro pode ser escusável ou inescusável, análise que deve ser realizada a partir das características pessoais do agente (idade, formação escolar, cultural etc.), ou seja, tal avaliação não deve ser ponderada com base no homem médio (Masson, 2012).
  » Erro inescusável – Quando o agente atua ou se omite sem a consciência da ilicitude do fato, quando lhe era possível, nas circunstâncias, ter ou atingir essa consciência. É causa de diminuição de pena de um sexto a um terço (Masson, 2012).
  » Erro escusável – Quando não for possível ao agente, nas circunstâncias, ter ou atingir a consciência da ilicitude. Exclui a potencial consciência da ilicitude apenas o erro escusável, o qual afasta a culpabilidade (Masson, 2012).
» **Espécies de erro de proibição:**
  » Erro de proibição direto – O agente desconhece o conteúdo de uma lei ou o interpreta de forma equivocada (Masson, 2012).
  » Erro de proibição indireto – O agente conhece o caráter ilícito do fato, mas, no caso concreto, acredita, de forma equivocada, que está presente uma causa de exclusão da ilicitude ou se equivoca quanto aos limites de uma causa de justificação (Masson, 2012).

Quadro 3.8 – Diferenças entre erro de tipo e erro de proibição

Erro de tipo	Erro de proibição
Recai sobre as circunstâncias de fato, sobre elementos do tipo penal.	Recai sobre a ilicitude do fato.
Erro de tipo escusável: exclui o dolo e a culpa.	Erro de proibição escusável: exclui a culpabilidade.
Erro de tipo inescusável: exclui o dolo, mas admite a punição por crime culposo, se previsto em lei.	Erro de proibição inescusável: não afasta a culpabilidade, mas permite a diminuição da pena de 1/6 a 1/3.

▪ Exigibilidade de conduta diversa
Como o terceiro elemento da culpabilidade a ser examinado, a exigibilidade de conduta diversa diz respeito à verificação de que o agente tivesse, no caso concreto, possibilidade de atuar conforme o ordenamento jurídico. Trata-se de um dos pressupostos da culpabilidade, por meio do qual se exige a punição somente de comportamentos que poderiam ser evitados, pois a inexigibilidade de conduta diversa afasta a culpabilidade (Masson, 2012).

▪ Excludentes legais da exigibilidade de conduta diversa
Segundo o art. 22 do Código Penal, "se o fato é cometido sob coação irresistível ou em estrita obediência a ordem, não manifestamente ilegal, de superior hierárquico, só é punível o autor da coação ou da ordem" (Brasil, 1940).
  » **Coação irresistível** – São requisitos para a configuração dessa excludente:
    » Coação moral – A excludente diz respeito à coação moral (*vis compulsiva*), e não à coação física (*vis absoluta*). A coação física exclui a conduta, elemento do fato típico.

» Irresistibilidade da coação – Irresistível será a coação em que o coato obriga-se a realizar a conduta criminosa oprimido pelo medo. No caso de coação moral resistível, pode incidir a atenuante do art. 65, inciso III, alínea "c", do Código Penal na responsabilidade do coagido e funcionar como agravante para o coator. Por sua vez, a coação moral irresistível exclui a culpabilidade do agente pela ausência de exigibilidade de conduta diversa, e o coator responde pelo crime praticado pelo coagido.
» **Obediência hierárquica** – Disciplinada no art. 22, segunda parte, do Código Penal, a obediência hierárquica também é causa excludente da culpabilidade fundada na inexigibilidade de conduta diversa, que ocorre quando um funcionário público subalterno pratica uma infração penal em decorrência do cumprimento de ordem, não manifestamente ilegal, emitida pelo superior hierárquico. O superior hierárquico que profere a ordem ilegal responde pelo crime com a incidência da agravante do art. 62, inciso III, do Código Penal, e o subordinado será isento de pena, excluindo-se a culpabilidade (Brasil, 1940). São requisitos da obediência hierárquica:
  » Ordem não manifestamente ilegal – Aparentemente, a ordem é legal, o subalterno acredita ser ordem lícita.
  » Ordem de autoridade competente – Emana de funcionário público legalmente competente.
  » Relação de direito público – A hierarquia diz respeito ao direito público, a ordem deve ser emanada de um agente público a um agente público hierarquicamente inferior.
  » Estrita observância da ordem – O subordinado não pode exceder-se na execução da ordem aparentemente legítima, sob pena de responder pelo excesso.

Causas supralegais de exclusão da culpabilidade

A doutrina admite a possibilidade de existência de causas supralegais (não previstas em lei) de inexigibilidade de conduta diversa (Cunha, 2016).

Argumenta-se que o legislador não tem condições de antever todas as causas em que será inexigível conduta diversa do agente, sendo possível, na avaliação de um caso específico, reconhecer uma hipótese não prevista pelo legislador (Cunha, 2016). São exemplos de causas supralegais de exclusão da culpabilidade:

» **Cláusula de consciência** – Isenta de pena aquele que, por motivo de consciência ou crença, praticar um fato previsto como crime. Exemplo: o pai, testemunha de Jeová, que não permite a transfusão de sangue no filho (será causa de isenção de pena desde que existente uma alternativa neutra para proteção concreta do bem jurídico *vida*).

» **Desobediência civil** – Representa insubordinação destinada a transformar a ordem estabelecida, buscando proteger os direitos fundamentais, não causando danos relevantes. Exemplo: ocupação de prédios públicos.

Quadro 3.9 – Quadro geral das dirimentes (causas de exclusão da culpabilidade)

Excludentes dos elementos da culpabilidade		
Imputabilidade	**Potencial consciência da ilicitude**	**Exigibilidade de conduta diversa**
» Doença mental » Desenvolvimento mental incompleto ou retardado » Embriaguez acidental completa	» Erro de proibição inevitável	» Coação moral irresistível » Obediência hierárquica à ordem não manifestamente ilegal

Mãos à obra

5) (FGV – 2018 – MPE-AL) Em seu primeiro evento na faculdade, Rodrigo ingeriu, com a intenção de comemorar, grande quantidade de bebida alcoólica. Apesar de não ter intenção, a grande quantidade de álcool fez com que ficasse embriagado e, em razão desse estado, acabou por iniciar discussão desnecessária e causar lesão corporal grave em José, ao desferir contra ele dois socos. Todas as informações acima são confirmadas em procedimento de investigação criminal. Ao analisar as conclusões do procedimento caberá ao Promotor de Justiça reconhecer

a. a ausência de culpabilidade do agente diante da situação de embriaguez culposa.
b. a ausência de culpabilidade do agente em razão da embriaguez completa, proveniente de caso fortuito, aplicando-se medida de segurança.
c. a existência de conduta típica, ilícita e culpável, inclusive com presença da agravante da embriaguez pré-ordenada.
d. a existência de conduta típica, ilícita e culpável, pois a embriaguez foi culposa, não sendo possível imputar a agravante da embriaguez pré-ordenada.
e. a existência de conduta típica, ilícita e culpável, pois a embriaguez foi voluntária, não sendo possível imputar a agravante da embriaguez pré-ordenada.

3.8 Concurso de pessoas

O Código Penal, em seu art. 29, estabelece: "Quem, de qualquer modo, concorre para o crime incide nas penas a este cominadas, na medida de sua culpabilidade" (Brasil, 1940).

O concurso de pessoas ocorre quando duas ou mais pessoas cometem a mesma infração como autor/coautor ou partícipe, concorrendo de forma relevante para o evento danoso.

Os crimes, em sua maioria, podem ser cometidos por uma única pessoa (crimes monossubjetivos) e, eventualmente, podem ser praticados por dois ou mais agentes: nesse caso, ocorre o **concurso eventual**.

Quando o próprio tipo penal exige a pluralidade de agentes, os crimes ali previstos são **plurissubjetivos**. Nesse caso, caracteriza-se o **concurso necessário** (ex.: associação criminosa, prevista no art. 288 do Código Penal).

3.8.1 Requisitos para concurso de crimes

Os requisitos para a ocorrência de concurso de crimes, segundo o Código Penal brasileiro (Brasil, 1940) e a jurisprudência, são:

» **Pluralidade de agentes e de condutas** – Existência de duas ou mais pessoas concorrendo para o crime, agindo como autor ou partícipe.

» **Relevância causal das condutas** – Deve haver relação de causa e efeito correspondente à cada conduta.

» **Vínculo subjetivo entre os agentes** – É necessário o vínculo psicológico entre os agentes, ou seja, que todos tenham consciência de que estão reunidos para a prática do fato típico. No entanto, dispensa-se o prévio ajuste.

» **Identidade de infração penal** – Os concorrentes devem contribuir para o mesmo crime. O Código Penal adota, como regra, a teoria monista (unitária) e, excepcionalmente, a teoria pluralista.

3.8.2 Teorias sobre o concurso de pessoas

Doutrinariamente, algumas teorias buscam estabelecer se as condutas praticadas devem ser consideradas como único crime ou como um crime para cada concorrente. Com base em Masson (2012), vejamos cada uma delas a seguir.

» **Teoria monística, unitária ou igualitária** – Todos responderão pelo mesmo crime. Como regra, é a teoria adotada pelo Código Penal no art. 29, e a pena será aplicada na medida da culpabilidade de cada agente (teoria monista de forma matizada ou temperada) (Brasil, 1940).

» **Teoria pluralista** – Apesar de os agentes concorrerem para a realização de um fato, haverá um crime para cada agente. Essa teoria é aceita como exceção pelo Código Penal, a exemplo de aborto provocado por terceiro com consentimento da gestante – a gestante responde pelo delito descrito no art. 124 (segunda parte), e o agente que provoca o aborto responde pelo crime descrito no art. 126, ambos do Código Penal.

» **Teoria dualística ou dualista** – Distingue um crime único para os autores principais e outro crime único para os autores secundários/partícipes. Os autores secundários devem ser punidos de forma mais branda. O Código Penal (art. 29, §§ 1º e 2º) admite como exceção a teoria dualista, na hipótese em que prevê diferença na aplicação da pena quando se tratar de participação de menor importância e quando o agente desejou participar de crime menos grave (Brasil, 1940).

3.8.3 Teorias sobre o autor e o partícipe

Apesar de o Código Penal não trazer expressamente os conceitos de autor e de partícipe, a doutrina debruçou-se sobre o tema e desenvolveu algumas teorias, a seguir explicadas de acordo com Masson (2012).

» **Teorias unitárias** – Não diferenciam autor e partícipe. Subdivide-se em:
   » Teoria subjetiva ou unitária – Considera autor todo aquele que, de alguma forma, contribuiu para a produção do resultado, não distinguindo autor e partícipe.
   » Teoria extensiva (Mezger) – Permite que se estabeleça graus diversos de responsabilidade conforme a relevância da contribuição, com possibilidade de diminuição de pena, não distinguindo autor e partícipe.
» **Teorias diferenciadoras** – Diferenciam autor e partícipe. Subdivide-se em:
   » Teoria objetiva ou dualista – Distingue claramente autor e partícipe, podendo ser objetivo-formal (o autor realiza a ação nuclear típica, e o partícipe é aquele que concorre de qualquer forma para o crime sem realizar os elementos do tipo. Exemplo: A mata B após ser instigado por C, A responde como autor e B como partícipe); ou objetivo-material (autor contribui de forma mais efetiva para a ocorrência do resultado, não precisa ser o núcleo do tipo; o partícipe concorre de forma menos relevante).
   » Teoria do domínio do fato (Hans Welzel) – Autor é quem controla finalisticamente o fato, e partícipe é aquele que colabora dolosamente para a ocorrência do crime, mas não exerce o domínio sobre a ação. Tem o controle final do fato: (a) autor propriamente dito (autor imediato), que executa o núcleo do tipo, que tem o domínio da ação;

(b) autor intelectual, que planeja a empreitada para ser executada por outros; (c) autor mediato (domínio da vontade), que se vale de um não culpável ou de pessoa que atua sem dolo ou culpa para executar o crime (autor imediato), sendo utilizados como instrumento pelo autor mediato; e (d) autor funcional, que, na divisão de tarefas, é aquele que pratica um ato relevante na execução do crime.

3.8.4 Formas de autoria

A seguir, elencaremos algumas formas de autoria admitidas pela jurisprudência e elencadas doutrinariamente. Com base em Masson (2012), vejamos tal classificação a seguir.

» **Autoria mediata** – Autor mediato comete o fato típico por ato de outra pessoa (sem discernimento por ausência de culpabilidade ou por falta de dolo/culpa), a qual é utilizada como instrumento para praticar os atos materiais do crime (sua execução). Situações em que pode ocorrer autoria mediata:
  » inimputabilidade penal do executor por menoridade penal, embriaguez ou doença mental;
  » coação moral irresistível;
  » obediência hierárquica;
  » erro de tipo escusável, provocado por terceiro;
  » erro de proibição escusável, provocado por terceiro.
» **Autoria colateral** – Ocorre quando dois ou mais agentes, um ignorando a intenção do outro, praticam determinada conduta visando ao mesmo resultado. Não há concurso de pessoas por ausência de vínculo subjetivo, e eles respondem por crimes autônomos.

- » **Autoria de escritório** – Comum em organizações criminosas, em que o autor ordena que outrem execute determina conduta.
- » **Autoria incerta** – Quando, na autoria colateral, não se sabe qual dos autores causou o resultado.
- » **Autoria ignorada** – Ocorre quando se desconhece o autor do crime.
- » **Autoria sucessiva** – O autor ofende mesmo bem jurídico já atingido por outra pessoa.

3.8.5 Participação

O partícipe responderá por contribuir na conduta criminosa do autor ou dos coautores, participando nos atos que não se amoldem diretamente à figura típica e que não se refiram ao domínio do fato (Cunha, 2016).

Segundo a teoria formal-objetiva, a *participação* consiste na realização de atos que concorram para o crime, sem que o agente ingresse na ação nuclear do tipo. As espécies de participação são (Cunha, 2016):

- » **Participação moral** – A conduta do agente se restringe a induzir ou instigar outra pessoa a cometer o crime determinado e direcionado à vítima ou a vítimas determinadas. *Induzir* é fazer surgir na mente de outrem a vontade criminosa (não existia). *Instigar*, por sua vez, é reforçar a vontade criminosa que já existe na mente de outrem.
- » **Participação material** – Visa à realização material do crime, ou seja, à execução da infração penal sem realizar a conduta descrita pelo núcleo do tipo. Exemplo: levar o autor ao local do crime a fim de assegurar a prática deste.

Teorias da acessoriedade

O partícipe, como vimos, não realiza o núcleo do tipo penal, sua conduta apresenta natureza acessória, já que, para sua punição, depende necessariamente da existência de uma conduta principal (do autor) na prática de um crime.

A natureza acessória da conduta do partícipe encontra respaldo legal no art. 31 do Código Penal: "O ajuste, a determinação ou instigação e o auxílio, salvo disposição expressa em contrário, não são puníveis, se o crime não chega, pelo menos, a ser tentado" (Brasil, 1940).

A punibilidade da participação decorre de uma das formas de adequação típica de subordinação mediata/indireta, aplicando-se a norma de ampliação pessoal contida no art. 29 do Código Penal.

Quanto à punição da conduta acessória, a doutrina desenvolveu as seguintes teorias (Cunha, 2016):

» **Teoria da acessoriedade mínima** – O partícipe será punido se o autor praticar um fato típico, independentemente de ilicitude do fato e da culpabilidade e da punibilidade do agente. Segundo essa teoria, o partícipe sofreria a sanção penal mesmo que o autor, por exemplo, agisse em legítima defesa (excludente de ilicitude).

» **Teoria da acessoriedade limitada ou média** – O partícipe será punido se o autor praticar um fato típico e ilícito, independentemente da culpabilidade e da punibilidade do agente. Nesse caso, se o autor agir em legítima defesa, por exemplo, o partícipe não responderá criminalmente, não havendo necessidade de demonstrar que o agente é culpável.

» **Teoria da acessoriedade extrema ou máxima** – O partícipe será punido se o autor praticar um fato típico, ilícito e cometido por agente culpável, independentemente da punibilidade do agente.

» **Teoria da hiperacessoriedade** – O partícipe será punido se o autor praticar um fato típico, ilícito, culpável e punível.

O Código Penal não adotou expressamente nenhuma dessas teorias, mas, na doutrina, predomina o entendimento a favor da aplicação da teoria da acessoriedade limitada (ou média). No entanto, considerando que os penalistas brasileiros aceitam a autoria mediata, a acessoriedade máxima também pode ser aplicada.

3.8.6 Aplicação da pena no concurso de pessoas

O art. 29 do Código Penal estabelece as regras gerais de aplicação da pena no concurso de pessoas. O *caput* desse dispositivo legal, de forma abstrata, determina a punição dos concorrentes da conduta criminosa com a mesma pena aplicada ao crime (Brasil, 1940).

No caso concreto, no entanto, a pena ocorrerá conforme a culpabilidade de cada um, demonstrada durante a empreitada criminosa.

Por sua vez, os parágrafos 1º e 2º do art. 29 especificam a forma de punibilidade no caso de concurso de pessoas com participação de menor importância e com participação dolosamente distinta (Brasil, 1940).

■ **Participação de menor importância**
O parágrafo 1º do art. 29 do Código Penal, aplicável somente ao partícipe, assim dispõe: "Se a participação for de menor importância, a pena pode ser diminuída de um sexto a um terço" (Brasil, 1940). O dispositivo legal prevê a diminuição

de pena quando, no caso concreto, verificar-se que a conduta do partícipe foi de pouca relevância causal, ou seja, que contribuiu, mas não foi a causa imediata para o alcance do resultado.

▎ Participação dolosamente distinta

O parágrafo 2º do art. 29 do Código Penal, aplicável ao coautor e partícipe, disciplina: "Se algum dos concorrentes quis participar de crime menos grave, ser-lhe-á aplicada a pena deste; essa pena será aumentada até metade, na hipótese de ter sido previsível o resultado mais grave" (Brasil, 1940). Esse dispositivo trata de hipótese em que o concorrente queria participar de crime menos grave, mas acabou concorrendo para um crime mais grave, ocorrendo o desvio subjetivo de condutas entre os agentes.

Nesse caso, não sendo previsível o resultado mais grave, será hipótese de aplicação da pena do crime inicialmente desejado (menos grave). No entanto, sendo previsível o resultado mais grave, a pena do crime menos grave será aumentada até metade (Brasil, 1940).

Exemplificando

A e B decidem furtar uma casa que, aparentemente, estava vazia. Aguardando para a fuga, A fica no carro, e B entra na casa e se depara com a dona da casa, decidindo, por conta própria, estuprá-la. Após, B sai da casa com uma TV e encontra A, empreendendo fuga. Nesse caso, A não responderá pelo estupro, pois não estava no âmbito de sua vontade nem de seu conhecimento.

▪ Comunicabilidade das circunstâncias e elementares do crime

O art. 30 do Código Penal estabelece: "Não se comunicam as circunstâncias e as condições de caráter pessoal, salvo quando elementares do crime" (Brasil, 1940). Esse tema – comunicabilidade ou não das circunstâncias e elementares do crime – implica sérias consequências na punibilidade do agente no caso de concursos de agentes.

As **circunstâncias** incomunicáveis dizem respeito às condições que não se transmitem aos coautores ou partícipes de uma infração penal quando se referem somente a determinado agente. As circunstâncias agregam-se ao tipo fundamental, aumentando ou diminuindo a pena (qualificadoras ou causas de aumento ou diminuição da pena) (Cunha, 2016).

As **elementares** referem-se aos dados fundamentais de uma conduta criminosa, compondo, portanto, a definição típica internamente. Exemplo: no homicídio simples, as elementares são "matar" e "alguém" (Cunha, 2016).

O art. 30 refere-se, ainda, às **condições pessoais**, que são as qualidades, os elementos inerentes a determinado indivíduo, que existem independentemente do cometimento da infração penal.

Para melhor distinguir *elementar* de *circunstância*, utilizam-se os critérios de exclusão ou da eliminação. Se excluída uma elementar, o fato torna-se atípico ou passa a amoldar-se a outro tipo penal. Por outro lado, excluída uma circunstância, o tipo permanece íntegro, e apenas a pena será alterada (Cunha, 2016).

As circunstâncias e as elementares podem ser **subjetivas**, ou de caráter pessoal, quando se relacionam à pessoa do agente, e não ao fato praticado. Exemplo: funcionário público (elementar no crime de peculato) e motivos do crime (circunstâncias no crime de homicídio). De outro modo, podem ser **objetivas**, ou de caráter geral, quando dizem respeito ao fato, à infração penal cometida. Exemplo: emprego de violência contra a pessoa (elementar no roubo) e meio cruel (circunstância no crime de homicídio) (Cunha, 2016).

Conceituadas as hipóteses contidas no art. 30, é possível extrair as seguintes regras desse dispositivo legal:

- » As circunstâncias e as condições de caráter pessoal, ou subjetivas, não se comunicam, independentemente do conhecimento dos demais agentes. Exemplo: agravante da reincidência alcança somente seu detentor.
- » Comunicam-se as circunstâncias de caráter real, ou objetivas, desde que os demais agentes tenham conhecimento a respeito. Exemplo: roubo praticado mediante arma de fogo (todos respondem pela majorante).
- » Comunicam-se as elementares, sejam objetivas ou subjetivas, desde que as elementares sejam de conhecimento de todos. Exemplo: um funcionário público e um particular promovem a subtração de um bem onde aquele trabalha na Administração Pública, valendo-se das facilidades que o cargo proporciona; os dois respondem por peculato-furto.

Mãos à obra

6) (Nucepe – 2018 – PC-PI) Maria, propositadamente, deixa aberta a porta da casa em que é empregada doméstica, permitindo que Fausto subtraia bens do imóvel, uma tela de pintor renomado e joias de família. Romero vê, se aproveita da situação, e resolve aderir ao intento de Fausto, subtraindo, também, os objetos da residência, um porta-revistas de metal e um conjunto de copos de vidro. Diante deste caso, é correto afirmar:
   a. Quando há participação de dois ou mais agentes no cometimento do mesmo crime, a pena será a mesma para todos, não importando, o grau de maior ou menor participação.
   b. Ficou configurado o concurso de pessoas, em razão do reconhecimento da prática da mesma infração por todos os agentes.
   c. Caso Romero apenas tivesse estimulado Fausto ao cometimento do crime, não haveria concurso de pessoas, pois não há o que se falar em concorrência, quando uma pessoa comente uma conduta atípica e a outra, comete conduta típica, embora concorram para o mesmo resultado.
   d. Maria não poderá responder pelo concurso de pessoas, uma vez que Maria apenas deixou a porta da casa aberta para Fausto, e este foi quem subtraiu os bens juntamente com Romero.
   e. No caso, não há o que se falar em concurso de agentes, uma vez que não houve prévio ajuste entre os mesmos. Afinal, Fausto e Romero nem se conheciam.

Para saber mais

STJ – Superior Tribunal de Justiça. **Jurisprudência em teses**. Disponível em: <https://scon.stj.jus.br/SCON/jt/>. Acesso em: 5 nov. 2019.

Acesse o *site* do Superior Tribunal de Justiça e pesquise, no menu "Jurisprudência em teses", diversos julgados de direito penal sobre o tema analisado, entre eles a culpabilidade e seus elementos.

Síntese

Neste capítulo, apresentamos, com base nos autores citados, a teoria geral do crime. De forma introdutória, tratamos do conceito de crime em seus aspectos material, formal e analítico, destacando o conceito analítico, que se caracteriza pela análise dos elementos ou requisitos do crime (de acordo com o conceito bipartite, *crime* é fato típico e ilícito; e conforme o conceito tripartite, *crime* é fato típico, ilícito e culpável). Em seguida, abordamos a classificação doutrinária dos crimes, estabelecendo as diferenciações entre crime tentado e crime consumado; crime material, crime formal e crime de mera conduta; crime de dano e crime de perigo, etc.

Também examinamos os conceitos de sujeitos do crime (ativo e passivo), destacando as teorias quanto ao autor do crime no que diz respeito ao sujeito ativo do crime. Com relação ao objeto do crime, mencionamos a diferença entre objeto jurídico e objeto material do crime.

Continuando a análise do crime, tratamos separadamente de cada um de seus requisitos: fato típico, ilicitude e culpabilidade, discorrendo sobre as teorias adotadas que implicaram os elementos que compõem o fato típico e a culpabilidade, entre estes a conduta como elemento do fato típico. Apresentamos as diversas teorias que buscam conceituar conduta, bem como as formas e as características da conduta. Ainda na análise do fato típico, estabelecemos a diferença entre erro de tipo e erro de proibição e, em seguida, apresentamos o conceito e as espécies de resultado, diferenciando crime material, crime formal e crime de mera conduta. Sobre o nexo causal, explicamos as teorias quanto ao conceito de causa e indicamos a teoria adotada pelo Código Penal, fazendo uma análise das espécies de causas (absolutamente independentes e relativamente independentes). Trouxemos, ainda, as fases e as espécies de tipicidade, incluindo a teoria da imputação objetiva.

Quanto à ilicitude, analisamos seu conceito, distinguindo ilicitude formal de ilicitude material, bem como as causas excludentes de ilicitude, como estado de necessidade, legítima defesa, estrito cumprimento do dever legal, exercício regular de direito e consentimento do ofendido.

No que diz respeito à culpabilidade, abordamos a evolução teórica da culpabilidade, destacando a teoria normativa pura adotada pelo Código Penal, baseada na teoria finalista da conduta. Sobre os elementos da culpabilidade, discorremos sobre imputabilidade e suas excludentes, potencial consciência da ilicitude e exigibilidade de conduta diversa. No que se refere ao concurso de pessoas, explanamos acerca das teorias adotadas doutrinariamente, apontando as diferenças entre autor, partícipe e espécies de participação nos crimes, bem como as teorias de acessoriedade (acessoriedade mínima, acessoriedade limitada, acessoriedade extrema e hiperacessoriedade), explicando as formas de aplicação de pena no caso de concurso de pessoas.

Questões para revisão

1) Conforme a teoria tripartite, crime é fato típico, ilícito e culpável segundo o
   a. conceito material de crime.
   b. conceito jurídico-legal de crime.
   c. conceito analítico de crime.
   d. conceito formal de crime.

2) Quando o tipo penal descreve apenas a conduta delituosa, não havendo previsão do resultado naturalístico, sendo este dispensável, trata-se de um crime:
   a. material.
   b. formal.
   c. de mera conduta.
   d. consumado.

3) O crime que não deixa vestígios, não havendo necessidade de exame pericial, denomina-se:
   a. crime não transeunte.
   b. crime tentado.
   c. crime de atentado.
   d. crime transeunte.

4) Todos os crimes têm objeto material?

5) O ordenamento jurídico brasileiro admite o dolo de segundo grau?

Questão para reflexão

1) Quanto às espécies de resultado, a doutrina menciona o resultado normativo e o resultado naturalístico. Tendo em vista o conceito atribuído a esses resultados, é possível afirmar que todos os crimes apresentam essas duas espécies de resultado?

IV

Fases da prática da infração penal

Conteúdos do capítulo

» Fases da prática da infração penal.
» Diferença entre crime consumado e crime tentado.
» Desistência voluntária, arrependimento eficaz e arrependimento posterior.
» Crime impossível.

Após o estudo deste capítulo, você será capaz de:

1. identificar as diversas etapas dos atos que envolvem a conduta criminosa;
2. apontar as diferenças entre crime tentado e crime consumado;
3. reconhecer os institutos da desistência voluntária, do arrependimento eficaz e do arrependimento posterior;
4. identificar as hipóteses de crime impossível.

4.1 *Iter criminis*

O *iter criminis* é o caminho percorrido pelo crime. A doutrina assim classifica as fases que se sucedem conforme o desenvolvimento da prática criminosa (Masson, 2012):

» **Cogitação** – Trata-se da fase interna, ou seja, é a intenção de praticar o delito e ocorre na fase interna. Não há punição das ideias do autor.
» **Preparação** – Alcança os atos preparatórios, com providências externas, a fim de viabilizar o cometimento da prática delituosa. Em regra, são impuníveis, mas, se o ato preparatório configurar delito autônomo, como a associação criminosa, por exemplo, haverá responsabilização criminal.
» **Execução** – Com o início dos atos executórios, em regra, a conduta será punível. Os atos executórios demonstram exteriormente a vontade do agente em praticar o crime.
» **Consumação** – Encerra-se o *inter criminis* quando estão reunidos todos os elementos da definição legal do tipo penal, ou seja, quando a conduta se realiza de forma completa (o *iter criminis* pode não ter essa fase).

4.1.1 Distinção entre atos preparatórios e atos executórios

No direito penal, muito se discute sobre como diferenciar um ato preparatório de um ato executório, já que isso implicaria ou não uma respectiva punição.

A doutrina, apesar de ainda não ter estabelecido um critério preciso para definir quando o ato já é um ataque ao bem jurídico ou quando é um ato preparatório, desenvolveu algumas teorias sobre o assunto. Conforme Masson (2012), vejamos:

» **Teoria subjetiva** – Interessa a vontade do autor (plano interno). Assim, tanto a fase de preparatória quanto a executória podem desencadear a punição do agente.
» **Teoria objetiva** – Os atos executórios dependem do início de realização do tipo penal, sendo necessária a exteriorização de um ato idôneo (capaz de conduzir o agente ao resultado) e inequívoco (direcionado à prática de um crime). A teoria objetiva subdivide-se em:
  » Teoria da hostilidade ao bem jurídico – Defendida por Nelson Hungria, afirma que os atos executórios são aqueles que atacam o bem jurídico, e os atos preparatórios, por sua vez, não criam uma situação concreta de perigo ao bem jurídico.
  » Teoria objetivo-formal ou lógico-formal (Franz von Liszt) – O ato executório é aquele que inicia a realização do verbo descrito no tipo penal. Majoritariamente, entende-se que essa teoria foi adotada pelo Código Penal. Exemplo: no homicídio, o sujeito com golpes de faca inicia a realização do tipo penal "matar alguém".
  » Teoria objetivo-material (Reinhart Frank) – São atos executórios os que dão início à prática do delito, bem como os atos imediatamente anteriores, de acordo com a visão de terceira pessoa, alheia ao fato (terceiro observador).
  » Teoria objetivo-individual (Zaffaroni) – Não depende da análise externa, o que importa é o plano concreto do autor. São atos executórios os relacionados ao início da conduta típica e também os que lhe são imediatamente anteriores conforme o plano do autor.

4.1.2 Exaurimento

O crime exaurido refere-se à situação posterior ao término do *iter criminis*, ou seja, quando, após a consumação, persistem efeitos lesivos que decorrem da conduta criminosa. Exemplo: recebimento do resgate na extorsão mediante sequestro.

A tipicidade não depende do exaurimento, mas produzirá outras consequências penais no que diz respeito à dosimetria da pena – funcionará como circunstância judicial desfavorável, qualificadora ou causa de aumento quando houver previsão legal (ex.: qualificadora no crime de resistência, se o ato legal não se executa – art. 329, parágrafo 1º, do Código Penal).

4.2 Crime consumado

Conforme conceito adotado pelo art. 14, inciso I, do Código Penal, considera-se *crime consumado* "quando nele se reúnem todos os elementos de sua definição legal", sendo um crime completo com a realização da conduta criminosa de forma integral (Brasil, 1940).

Quanto ao momento em que ocorre a consumação, este dependerá da natureza do crime praticado:

» **Crime material ou de resultado** – O tipo penal descreve a conduta e o resultado naturalístico, exigindo-se a modificação do mundo exterior para se alcançar a consumação (ex.: homicídio, art. 121 do Código Penal)

» **Crime formal ou de consumação antecipada** – O tipo penal descreve a conduta e o resultado naturalístico, mas não exige a modificação do mundo exterior. A consumação ocorre com a prática da conduta típica (ex.: extorsão, art. 158 do Código Penal).

» **Crime de mera conduta** – Não há resultado naturalístico, o tipo penal descreve apenas a conduta e, com a prática desta, consuma-se o crime (ex.: violação de domicílio, art. 150 do Código Penal).

» **Crime permanente**: A consumação se protrai no tempo até que o agente cesse a conduta delituosa (ex.: sequestro e cárcere privado, art. 148 do Código Penal).

» **Crime habitual** – Consuma-se o crime com a reiteração da conduta típica (ex.: curandeirismo, art. 284 do Código Penal).

» **Crime qualificado pelo resultado** – A consumação ocorre com a produção do resultado que agrava a pena (ex.: lesão corporal seguida de morte, art. 129, parágrafo 3º, do Código Penal).

» **Crime omissivo próprio** – Consuma-se com a abstenção do agente em realizar a conduta devida (ex.: omissão de socorro, art. 135 do Código Penal).

» **Crime omissivo impróprio (comissivo por omissão)** – Consuma-se com a produção do resultado naturalístico (ex.: garantidor, art. 13, parágrafo 2º, do Código Penal).

4.3 Crime tentado (*conatus*)

O art. 14, inciso II, do Código Penal assim define *crime tentado*: "quando, iniciada a execução, não se consuma por circunstâncias alheias à vontade do agente" (Brasil, 1940).

Trata-se de **norma de extensão temporal** (natureza jurídica da tentativa) da proibição contida no tipo incriminador a condutas realizadas de forma incompleta. A adequação típica de um crime tentado é de subordinação mediata ou por extensão, ou seja, a tipicidade do crime tentado depende da aplicação do art. 14, inciso II, do Código Penal (Brasil, 1940).

Da análise do dispositivo legal, podemos apontar os elementos da tentativa:
- » início da execução do crime;
- » não consumação do crime por circunstância alheias à vontade do agente;
- » dolo de consumação.

4.3.1 Punição da tentativa

Algumas teorias buscam fundamentar a punibilidade da tentativa. Entre elas, destacam-se, conforme Masson (2012), as elencadas a seguir.

■ Teoria subjetiva, voluntarística ou monista

A punição do crime tentado se justifica porque o sujeito é punido por sua intenção, o que importa é o desvalor da ação e não o resultado obtido, ou seja, o que interessa é o aspecto subjetivo do delito (dolo do agente).

O crime tentado será punido com a mesma pena do crime consumado.

■ Teoria sintomática (Escola Positiva de Ferri, Lombroso e Garofalo)

A punição decorre da periculosidade do agente, do perigo revelado pelo agente. Portanto, para essa teoria, os atos preparatórios são passíveis de punição.

■ Teoria objetiva, realística ou dualista

A tentativa será punida conforme o perigo proporcionado ao bem jurídico, considerando que o bem jurídico não foi atingido integralmente.

No crime consumado, os aspectos objetivo (atos executórios) e subjetivo (dolo) do delito são completos. Por sua vez, o crime tentado é incompleto quanto aos atos executórios, devendo ser punido de forma menos rigorosa que no crime consumado.

■ Teoria da impressão ou objetivo-subjetiva

Busca limitar a aplicação da teoria subjetiva, evitando a punição irrestrita de atos preparatórios. Para essa teoria, a punição ocorrerá apenas quando a atuação ilícita do agente abale a confiança na vigência do ordenamento normativo e a segurança jurídica dos que tenham conhecimento da conduta criminosa.

■ Teoria adotada pelo Código Penal

Quanto à punibilidade da tentativa, prevista no art. 14, parágrafo único, o Código Penal adotou como regra a **teoria objetiva realística ou dualista,** determinando que a pena de tentativa deve ser correspondente à pena do crime consumado, diminuída de 1 a 2/3.

Conforme defende a teoria, o desvalor do resultado no crime tentado é menor quando comparado ao crime consumado, por isso se justifica a aplicação da pena mais branda.

Excepcionalmente, a legislação brasileira adotou a **teoria subjetiva, voluntarística ou monista,** admitida em razão da expressão "salvo disposição em contrário" constante na previsão legal da tentativa (art. 14, parágrafo único, do Código Penal – Brasil, 1940).

Como exemplo de crimes em que a tentativa sofrerá a mesma pena do crime consumado – **delitos de atentado ou de empreendimento** –, podemos citar a evasão mediante violência contra a pessoa: "Art. 352 – Evadir-se **ou tentar** evadir-se o preso ou o indivíduo submetido a medida de segurança detentiva, usando de violência contra a pessoa: Pena – detenção, de três meses a um ano, além da pena correspondente à violência" (Brasil, 1940, grifo nosso).

4.3.2 Espécies de tentativa

Dependendo do *iter criminis* percorrido ou da possibilidade de se alcançar o resultado, a tentativa, conforme destaca Cunha (2016), classifica-se na forma que segue.

» **Tentativa branca ou incruenta** – Refere-se à tentativa em que o objeto material não é atingido pela conduta. Exemplo: o agente dispara arma de fogo e não atinge a vítima.

» **Tentativa cruenta ou vermelha** – Nessa espécie de tentativa, o objeto material é atingido. Exemplo: acerta o tiro na vítima.

» **Tentativa perfeita, acabada ou crime falho** – Na tentativa perfeita, o agente pratica todos os atos executórios a seu alcance, no entanto, não alcança o resultado almejado por circunstâncias alheias à sua vontade. Exemplo: o agente descarrega sua arma de fogo na vítima, mas a vítima é socorrida de forma eficaz.

» **Tentativa imperfeita, inacabada ou tentativa propriamente dita** – O agente deixa de praticar todos os meios que tinha a seu alcance por ser impedido de prosseguir em seu intento criminoso, a execução é interrompida, e o crime não se consuma por circunstâncias alheias à sua vontade. Exemplo: o agente se aproxima da vítima e dispara três vezes, quando é surpreendido pela polícia e foge, deixando de efetuar outros disparos, apesar de ainda restarem três balas. A vítima é socorrida e sobrevive.

4.3.3 Crimes que não admitem tentativa

Em regra, a maioria dos crimes admitem a forma tentada. No entanto, alguns crimes podem não admitir a tentativa, são eles:

» **Crimes culposos** – O agente não deseja o resultado. A tentativa ocorre por circunstâncias alheias à vontade do agente, portanto, o dolo do agente é de consumação, o que não se verifica quando se trata de crime culposo.

» **Crimes preterdolosos ou preterintencionais** – Da mesma forma, o resultado agravador foi causado culposamente, portanto, incompatível com a tentativa.

» **Contravenções** – Não se pune a tentativa por expressa previsão legal (art. 4º da Lei de Contravenções Penais – Brasil, 1941a).

» **Crimes unissubsistentes** – Esse tipo de crime não admite fracionamento da execução, consuma-se com a prática de um ato, portanto, não é possível a tentativa, que pressupõe mais de um ato executório. Exemplo: injúria verbal.

» **Crimes omissivos próprios** – Trata-se de um crime unissubsistente, consuma-se com um único ato (deixar de fazer), portanto, não havendo fracionamento da execução, incompatível com o instituto da tentativa.

» **Crimes condicionados** – São crimes que só serão puníveis se o resultado ocorrer, se não ocorrer, não será punível nem mesmo a forma tentada. Exemplo: induzimento, instigação ou auxílio ao suicídio (art. 122 do Código Penal); só é punível se ocorrer lesão grave ou morte do suicida.

- » **Crimes habituais** – Caracterizam-se pela reiteração de atos. Se não houver reiteração dos atos, o fato será atípico, portanto, a tentativa, nesse caso, mostra-se incompatível com crimes habituais.
- » **Crimes de atentado** – A pena da tentativa, nesse caso, será a mesma do crime consumado, portanto, não se aplica a norma de extensão prevista no art. 14, parágrafo único, do Código Penal. Exemplo: evasão mediante violência contra a pessoa (art. 352 do Código Penal).

4.4 Desistência voluntária e arrependimento eficaz

A desistência voluntária e o arrependimento eficaz são espécies de **tentativa abandonada ou qualificada**, a consumação do crime não ocorre por vontade do agente, conforme se depreende do art. 15 do Código Penal: "O agente que, voluntariamente, desiste de prosseguir na execução ou impede que o resultado se produza, só responde pelos atos já praticados" (Brasil, 1940).

Franz Von Liszt referia-se a esses institutos como a **"ponte de ouro"** do direito penal, pois permite ao agente retornar à seara da licitude, caracterizando um estímulo para que ele desista de prosseguir na execução do crime ou atue para impedir a ocorrência do resultado (Cunha, 2016).

4.4.1 Natureza jurídica

Há, na doutrina, algumas correntes que se manifestam sobre a natureza jurídica da desistência voluntária e do arrependimento eficaz. Com base em Masson (2012), vejamos:

» **Causa pessoal de extinção da punibilidade** – Embora não prevista no art. 107 do Código Penal, entendem seus defensores que retiram o *ius puniendi* (direito de punir) estatal quanto ao crime inicialmente almejado.

» **Causa de exclusão da culpabilidade** – Para o agente que não produz voluntariamente o resultado inicialmente almejado, afasta-se o juízo de reprovabilidade desse crime, respondendo apenas pelo crime mais brando.

» **Causa de exclusão da tipicidade** – Afasta-se a tipicidade do crime inicialmente desejado, subsistindo a tipicidade dos atos praticados.

4.4.2 Desistência voluntária

Na desistência voluntária, o agente que, antes de esgotar os atos executórios, desiste voluntariamente de prosseguir. Esse instituto é compatível com a tentativa imperfeita ou inacabada.

É necessário atentar para a clássica fórmula de Frank, que traz a diferença entre tentativa e desistência voluntária: na tentativa, o agente quer prosseguir, mas não pode; na desistência voluntária o agente pode prosseguir, mas não quer (Masson, 2012).

Presentes os elementos da desistência voluntária (início da execução e não consumação por vontade do agente), a consequência será a punição pelos atos já praticados se forem típicos (Masson, 2012).

4.4.3 Arrependimento eficaz

O arrependimento eficaz, ou resipiscência, previsto no art. 15, segunda parte, do Código Penal, ocorre quando o agente já praticou todos os atos executórios ao seu alcance, mas, com uma nova conduta, impede o resultado inicialmente almejado (Brasil, 1940).

Percebe-se que o instituto é compatível com a tentativa perfeita ou acabada. Exemplo: o agente ministra veneno à vítima, que ingere a bebida, mas, arrependido, ele oferece o antídoto antes de o veneno produzir a morte da vítima.

Da mesma forma que a desistência voluntária, reconhecida a presença dos requisitos (voluntariedade e que o resultado inicial seja evitado), a consequência será a punição pelos atos praticados até aquele momento.

4.5 Arrependimento posterior

O arrependimento posterior é causa pessoal e obrigatória de diminuição da pena prevista no art. 16 do Código Penal: "Nos crimes cometidos sem violência ou grave ameaça à pessoa, reparado o dano ou restituída a coisa, até o recebimento da denúncia ou da queixa, por ato voluntário do agente, a pena será reduzida de um a dois terços" (Brasil, 1940).

Da leitura do dispositivo legal podemos destacar os seguintes **requisitos** para a configuração do arrependimento posterior:
» crime cometido sem violência ou grave ameaça à pessoa;
» reparação do dano ou restituição da coisa, devendo ser voluntária, pessoal e integral;
» limite temporal (até o recebimento da denúncia ou queixa);
» ato voluntário do agente, ou seja, sem coação física ou moral, podendo decorrer de orientação do advogado ou de familiares, pois não se exige espontaneidade (a ideia deve ter surgido livremente da mente do agente).

4.6 Crime impossível (tentativa inidônea/quase crime)

O art. 17 do Código Penal define *crime impossível*: "Não se pune a tentativa quando, por ineficácia absoluta do meio ou por absoluta impropriedade do objeto, é impossível consumar-se o crime" (Brasil, 1940).

Apesar de o dispositivo usar a expressão "não se pune", o crime impossível é causa de exclusão da tipicidade, pois o fato praticado não se coaduna a nenhum tipo penal.

4.6.1 Teorias sobre o crime impossível

O crime impossível ocorre quando a conduta do agente é incapaz de provocar a consumação do crime. Sobre esse fenômeno, algumas teorias divergem quanto às consequências punitivas. Com amparo na obra de Cunha (2016), destacamos:

» **Teoria sintomática** – A conduta do agente indica sua periculosidade, portanto, deve sofrer a sanção penal, independentemente de ser impossível a consumação do crime. Essa teoria relaciona-se com o direito penal do autor, não aceito pelo ordenamento jurídico brasileiro.

» **Teoria subjetiva** – A conduta do agente estava completa quanto à vontade consciente de praticar um delito, portanto, deve responder por crime tentado mesmo diante da impropriedade do objeto ou da ineficácia do meio.

» **Teoria objetiva** – Para essa teoria, o agente não deve ser punido por não causar dano ou perigo de dano ao bem jurídico, e a execução do crime deve ser idônea, ou seja, sendo inidônea (ineficácia do meio ou absoluta impropriedade do objeto), configura-se o crime impossível. A teoria objetiva subdivide-se:

» Teoria objetiva pura – Quando a conduta é incapaz de provocar lesão ao bem jurídico, **seja de forma absoluta ou relativa**, o fato não será punido, ou seja, não se aplica a pena ao fato não lesivo independentemente do grau da inidoneidade da ação.

» Teoria objetiva temperada ou intermediária – Foi a teoria adotada pelo art. 17 do Código Penal, segundo a qual o crime impossível, apto a afastar a punição por tentativa, será aquele em que os meios empregados e o objeto do crime são **absolutamente** inidôneos a produzir o resultado. Se a inidoneidade for relativa, haverá tentativa.

4.6.2 Espécies de crime impossível

As espécies de crime impossível são (Cunha, 2016):

» **Crime impossível por ineficácia absoluta do meio** – Trata-se de hipótese em que o meio de execução empregado é absolutamente ineficaz para produzir o resultado, ou seja, incapaz de produzir o resultado. A análise acontece no caso concreto, pois é necessário apreciar os meios utilizados no momento da execução, e a punição só será afastada se os meios empregados de forma alguma chegariam ao resultado, portanto, se a ineficácia for relativa, caracteriza-se a tentativa. Exemplo: A decide matar seu desafeto com uma arma de brinquedo.

» **Crime impossível por impropriedade absoluta do objeto** – Há um crime impossível quando o objeto material – pessoa ou coisa sobre a qual recai a conduta criminosa – for absolutamente impróprio por inexistir antes do início da execução do crime ou quando, nas circunstâncias em que se encontra, torna impossível a consumação. Exemplo: matar pessoa já falecida. Tratando-se de impropriedade relativa, configura-se a tentativa.

4.6.3 Diferença entre crime impossível e crime putativo

Importante destacar a diferença entre crime impossível e crime putativo, pois eles não se confundem (Cunha, 2016):

» **Crime impossível** – O agente não consegue cometer o delito por ter utilizado meio de execução absolutamente ineficaz ou direcionado sua conduta para objeto material absolutamente impróprio (inexistente antes do início do início da execução do crime ou, quando nas circunstâncias em que se encontra, torna impossível sua consumação). O erro, nesse caso, recai sobre a idoneidade do meio ou do objeto material.

» **Crime putativo** – É aquele em que o agente acredita praticar um fato típico, mas, por erro, realiza um indiferente penal em razão de a conduta não ser tipificada (crime putativo por erro de proibição) ou da ausência de um ou mais elementos típicos (crime putativo por erro de tipo), ou, ainda, por ser induzido à prática de crime em que foram adotadas providências para impedir sua consumação (crime putativo por obra do agente provocador).

Mãos à obra

1) (FGV – 2018 – TJ-SC) Em dificuldades financeiras, Ana ingressa, com autorização da proprietária do imóvel, na residência vizinha àquela em que trabalhava com o objetivo de subtrair uma quantia de dinheiro em espécie, simulando para tanto que precisava de uma quantidade de açúcar que estaria em falta. Após ingressar no imóvel e mexer na gaveta do quarto, vê pela janela aquela que é sua chefe e pensa na decepção que lhe causaria, razão pela qual decide deixar o local sem nada subtrair. Ocorre que as câmeras de segurança flagraram o comportamento de Ana, sendo as imagens encaminhadas para a Delegacia de Polícia. Nesse caso, a conduta de Ana:
   a. configura crime de tentativa de furto em razão do arrependimento posterior;
   b. configura crime de tentativa de furto em razão do arrependimento eficaz;
   c. configura crime de tentativa de furto em razão da desistência voluntária;
   d. não configura crime em razão da desistência voluntária;
   e. não configura crime em razão do arrependimento eficaz.

Para saber mais

CAVALCANTE, M. A. L. A existência de câmeras monitorando o estabelecimento comercial faz com que eventual furto ali praticado seja considerado "crime impossível"? **Dizer o Direito**, 16 jul. 2015. Disponível em: <https://www.dizerodireito.com.br/2015/07/a-existencia-de-cameras-monitorando-o.html>. Acesso em: 5 nov. 2019.

No *site* Dizer o Direito, o professor Márcio André, de forma didática ao comentar um julgado do Superior Tribunal de Justiça, discorre sobre as diferentes teorias sobre o crime impossível. Confira!

Síntese

Nesse capítulo, abordamos as fases da prática da infração penal, buscando, inicialmente, identificar os atos preparatórios e executórios da conduta criminosa e destacar as teorias adotadas a respeito. Com base nesse conceito, diferenciamos o crime consumado do crime tentado, bem como apontamos as respectivas teorias.

Também analisamos os institutos da desistência voluntária, do arrependimento eficaz e do arrependimento posterior, conceituando-os e evidenciando suas consequências. Quanto ao crime impossível, foram abordadas as teorias sintomática, objetiva e subjetiva.

Questões para revisão

1) A natureza jurídica da norma prevista no art. 14, inciso II, do Código Penal quanto à tentativa é de:
   a. norma de extensão pessoal.
   b. norma de extensão temporal.
   c. norma de extensão criminal.
   d. norma de extensão da tipicidade.

2) Quanto ao crime impossível, a teoria adota pelo Código Penal foi a:
   a. teoria sintomática.
   b. teoria subjetiva.
   c. teoria objetiva temperada.
   d. teoria subjetiva objetiva.

3) Quando o agente, tendo praticado todos os atos executórios à sua disposição, não conseguiu consumar o crime por circunstâncias alheias à sua vontade, caracteriza-se a tentativa:
   a. imperfeita.
   b. perfeita.
   c. inacabada.
   d. branca.

4) Se ocorrer a reparação do dano depois do recebimento da denúncia ou da queixa, mas antes do julgamento, o réu terá direito à redução de pena prevista no art. 16 do Código Penal (arrependimento posterior)?

5) Por que a desistência voluntária e o arrependimento eficaz foram apontados pela doutrina como "ponte de ouro"?

Questão para reflexão

1) No caso de concurso de pessoas em que um dos réus venha a reparar o dano e o outro réu não, a redução pode ser aplicada a ambos os réus?

V

Conteúdos do capítulo

» Considerações gerais sobre a pena e os princípios que a regem.
» Teorias sobre a finalidade da pena.
» Procedimentos relativos à aplicação e à dosimetria da pena.
» Suspensão condicional da pena.
» Livramento condicional.
» Concurso de crimes.
» Ação, extinção da punibilidade e prescrição.

Após o estudo deste capítulo, você será capaz de:

1) reconhecer as espécies de pena existentes no ordenamento jurídico;
2) compreender as teorias que abordam as finalidades da pena;
3) identificar o procedimento que envolve a aplicação da pena, inclusive no concurso de crimes;
4) diferenciar os institutos da suspensão condicional da pena, do livramento condicional e suas consequências;
5) identificar as diversas hipóteses da extinção da punibilidade.

Pena

5.1 Considerações iniciais

Pena é uma das espécies de sanção penal (sanção penal = penas e medidas de segurança) como resposta do Estado ao infrator da norma incriminadora, ocasionando a privação ou restrição de bens jurídicos do agente, tendo como pressuposto a culpabilidade (a medida de segurança pressupõe a periculosidade).

A aplicação da pena busca punir o responsável pela infração penal, readaptá-lo à convivência social e intimidar a sociedade, evitando a prática de novos crimes.

5.1.1 Princípios que regem a aplicação da pena

Os princípios contemplados na legislação penal brasileira que regem a aplicação da pena são:

- » **Princípio da legalidade estrita ou da reserva legal** – Não há crime sem lei que o defina, nem pena sem cominação legal (CF de 1988, art. 5º, XXIX; Código Penal, art. 1º).
- » **Princípio da anterioridade da lei** – Não há crime sem lei que o defina, nem pena sem cominação legal (CF de 1988, art. 5º, XXIX; Código Penal, art. 1º).
- » **Princípio da aplicação da lei mais benéfica** – Admite-se a extra-atividade da lei penal mais benéfica (CF de 1988, art. 5º, XL; Código Penal, art. 2º).
- » **Princípio da individualização da pena** – Conforme o art. 5º, inciso XLVI, da Constituição Federal (CF) de 1988: "a lei regulará a individualização da pena e adotará, entre outras, as seguintes: a) privação ou trestrição da liberdade; b) perda de bens; c) multa; d) prestação social alternativa; e) suspensão ou interdição de direitos"

(Brasil, 1988). Em três momentos esse princípio deverá ser observado: (1) pelo legislador ao definir o crime e sua pena; (2) pelo juiz, na aplicação da pena; e (3) na fase da execução quando da classificação dos condenados.

» **Princípio da proporcionalidade** – Exige que a resposta penal seja justa, reprovando o ilícito e, ainda, deve prevenir novas infrações penais, portanto, deve ser adequada para alcançar os fins. Há de ser observada também a necessidade da aplicação da pena para aquela determinada conduta, observando-se a pena que for suficiente. Por outro lado, a proporcionalidade em sentido estrito, ao mesmo tempo em que proíbe o excesso na punição, proíbe a proteção deficiente.

» **Princípio da humanidade ou humanização das penas e princípio da dignidade da pessoa humana** – A pena deve respeitar os direitos fundamentais do condenado. A CF de 1988 assegura aos presos o respeito à sua integridade física e moral (art. 5º, inciso XLIX) e veda punição que ofenda a dignidade da pessoa humana (pena cruel, indigna, desumana ou degradante – art. 5º, inciso XLVII).

5.1.2 Finalidade da pena

A busca da finalidade da pena se relaciona com a função do direito penal, e algumas teorias foram desenvolvidas a respeito. De forma sintética, Masson (2012) fundamenta nossa explicação, que segue:

» **Teorias absolutas (retributivas)** – A pena, para os defensores dessa teoria, tem um caráter eminentemente retributivo, um castigo ao infrator.

» **Teoria relativa (preventivas ou utilitárias)** – A finalidade da pena é evitar a ocorrência de novas infrações penais. Subdivide-se em:
  » Prevenção geral (dirigida à sociedade) – Pode ser: **negativa**, que consiste na intimidação da sociedade para que se abstenham de cometer crimes; ou **positiva** (integradora/estabilizadora), que consiste em afirmação positiva direito penal que vise estimular a confiança da sociedade no ordenamento jurídico (vigência da norma – Jakobs).
  » Prevenção especial (dirigida ao condenado) – Pode ser: **negativa**, aquela que visa reprimir a reincidência do criminoso; ou **positiva**, aquela em que a pena visa à ressocialização do condenado.
» **Teoria mistas, ecléticas (unitárias)** – A pena tem dupla função: retribuir e prevenir. É a teoria adotada pelo Código Penal no art. 59, segundo a qual o juiz, ao aplicar a pena, deverá dosá-la "conforme seja necessário e suficiente para reprovação e prevenção do crime" (Brasil, 1940).

Apesar de o Código Penal, em seu art. 59, mencionar a reprovação e a prevenção do crime como objetivo da pena, modernamente, entende-se que a pena tem três funções:

1. retributiva;
2. preventiva; e
3. reeducativa.

O legislador, com a pena em abstrato, revela sua finalidade preventiva, ou seja, afirmando a vigência da norma, busca-se inibir o cidadão de cometer delitos. No momento de sentenciar e aplicar a pena, o juiz observará a retribuição e a prevenção especial (quanto ao sentenciado).

Por sua vez, na execução penal, concretiza-se tais finalidades (preventiva e retributiva), relevando-se ainda o caráter reeducativo da pena.

Mãos à obra

1) (Vunesp – 2018 – PC-BA) A respeito da teoria das penas, assinale a alternativa correta:
   a. A finalidade da pena, na teoria relativa, é prevenir o crime. Na vertente preventiva-geral, o criminoso é punido a fim de impedir que ele volte a praticar novos crimes.
   b. A finalidade da pena, na teoria relativa, é prevenir o crime. Na vertente preventiva especial, de acentuado caráter intimatório, o criminoso é punido para servir de exemplo aos demais cidadãos.
   c. A finalidade da pena, na teoria absoluta, é castigar o criminoso, pelo mal praticado. O mérito dessa teoria foi introduzir, no Direito Penal, o princípio da proporcionalidade de pena ao delito praticado.
   d. A finalidade da pena, para a teoria eclética, é ressocializar o criminoso. O mérito dessa teoria foi humanizar as penas impostas, impedindo as cruéis e humilhantes.
   e. O ordenamento jurídico brasileiro adota a teoria absoluta, tendo a pena apenas o fim de ressocializar o criminoso.

5.2 Penas privativas de liberdade

De acordo com a legislação penal brasileira, as espécies de pena privativa de liberdade são a reclusão, a detenção e prisão simples.

O art. 33, *caput*, do Código Penal assim dispõe a respeito das diferenças entre reclusão e detenção: "a pena de reclusão deve ser cumprida em regime fechado, semiaberto ou aberto. A de detenção, em regime semiaberto, ou aberto, salvo necessidade de transferência a regime fechado" (Brasil, 1940). A prisão simples, por sua vez, é aplicada às contravenções penais.

Quadro 5.1 – Diferenças entre reclusão, detenção e prisão simples

Penas privativas de liberdade	Aplicação
Reclusão (fechado e semiaberto ou aberto)	Crimes
Detenção (semiaberto ou aberto)	Crimes
Prisão simples	Contravenções penais

5.2.1 Regimes de cumprimento das penas de reclusão e de detenção

Para o cumprimento das penas de reclusão e de detenção, o Código Penal (Brasil, 1940) estabeleceu os seguintes regimes:

» **Regime fechado** – A pena é cumprida em estabelecimento de segurança máxima ou média (Código Penal, art. 33, § 1º, "a"). "O condenado a pena superior a 8 (oito) anos deverá começar a cumpri-la em regime fechado" (Código Penal, art. 33, § 2º, "a").

» **Regime semiaberto** – A pena é cumprida em colônia agrícola, industrial ou estabelecimento similar (Código Penal, art. 33, § 1º, "b"). "O condenado não reincidente,

cuja pena seja superior a 4 (quatro) anos e não exceda a 8 (oito), poderá, desde o princípio, cumpri-la em regime semiaberto" (Código Penal, art. 33, § 2º, "b").
» **Regime aberto** – A pena é cumprida em casa de albergado ou estabelecimento adequado (Código Penal, art. 33, § 1º, "c"). "O condenado não reincidente, cuja pena seja igual ou inferior a 4 (quatro) anos, poderá, desde o início, cumpri-la em regime aberto" (Código Penal, art. 33, § 2º, "c").

5.2.2 Regime disciplinar diferenciado

O regime disciplinar diferenciado constitui hipótese de sanção disciplinar, conforme previsto no art. 53, inciso V, da Lei de Execuções Penais (Lei n. 7.210, de 11 de julho de 1984), e poderá ser aplicado quando o preso praticar fato previsto como crime doloso e que ocasione subversão da ordem ou disciplina internas; quando o preso apresentar alto risco para a ordem e a segurança do estabelecimento penal ou da sociedade; e quando recaiam sobre o preso fundadas suspeitas de envolvimento ou participação, a qualquer título, em organizações criminosas, quadrilha ou bando (Brasil, 1984).

O regime disciplinar diferenciado apresenta as seguintes características:
» duração máxima de 360 dias, sem prejuízo de repetição da sanção por nova falta grave de mesma espécie, até o limite de 1/6 da pena aplicada;
» recolhimento em cela individual;
» visitas semanais de duas pessoas, sem contar as crianças, com duração de duas horas;
» duas horas diárias para banho de sol.

5.2.3 Regime de cumprimento da prisão simples

A prisão simples, aplicada às contravenções penais, será cumprida em regime semiaberto ou aberto, conforme prevê o art. 6º da Lei de Contravenções Penais: "A pena de prisão simples deve ser cumprida, sem rigor penitenciário, em estabelecimento especial ou seção especial de prisão comum, em regime semiaberto ou aberto" (Brasil, 1984).

5.2.4 Progressão de regime

A progressão de regime das penas privativas de liberdade está prevista no art. 33, parágrafo 2º, do Código Penal e ocorre de acordo com o mérito do acusado. O objetivo da norma é de que o sentenciado passe de um regime mais rigoroso para outro mais brando quando atingir os requisitos exigidos pela lei, sendo um estímulo à ressocialização do preso. Vejamos a íntegra do art. 33 do Código Penal:

> *Art. 33. A pena de reclusão deve ser cumprida em regime fechado, semiaberto ou aberto. A de detenção, em regime semiaberto, ou aberto, salvo necessidade de transferência a regime fechado.*
>
> *§ 1º Considera-se:*
>
> *a) regime fechado a execução da pena em estabelecimento de segurança máxima ou média;*
>
> *b) regime semiaberto a execução da pena em colônia agrícola, industrial ou estabelecimento similar;*
>
> *c) regime aberto a execução da pena em casa de albergado ou estabelecimento adequado.*

§ 2º As penas privativas de liberdade deverão ser executadas em forma progressiva, segundo o mérito do condenado, observados os seguintes critérios e ressalvadas as hipóteses de transferência a regime mais rigoroso:

a) o condenado a pena superior a 8 (oito) anos deverá começar a cumpri-la em regime fechado;

b) o condenado não reincidente, cuja pena seja superior a 4 (quatro) anos e não exceda a 8 (oito), poderá, desde o princípio, cumpri-la em regime semiaberto;

c) o condenado não reincidente, cuja pena seja igual ou inferior a 4 (quatro) anos, poderá, desde o início, cumpri-la em regime aberto.

§ 3º A determinação do regime inicial de cumprimento da pena far-se-á com observância dos critérios previstos no art. 59 deste Código.

§ 4º O condenado por crime contra a administração pública terá a progressão de regime do cumprimento da pena condicionada à reparação do dano que causou, ou à devolução do produto do ilícito praticado, com os acréscimos legais. (Brasil, 1940)

Requisitos para a progressão de regime

Os requisitos para concessão da progressão de regime estão expressos em nossa legislação.

O art. 112 da Lei de Execução Penal enuncia os requisitos para os crimes comuns (Brasil, 1984). Por sua vez, a Lei 8.072, de 25 de julho de 1990, em seu art. 2º, parágrafo 2º, traz os requisitos quando se tratar de crimes hediondos e equiparados (Brasil, 1990).

» **Requisitos objetivos:**
  » Crimes comuns – Cumprimento de 1/6 da pena no regime anterior; reparação do dano nos crimes contra a administração.
  » Crimes hediondos e equiparados – Cumprimento de 2/5 da pena se primário; cumprimento de 3/5 da pena se reincidente.
» **Requisitos subjetivos:**
  » Crimes comuns, hediondos e equiparados – bom comportamento carcerário.

Quanto à progressão de regime, é importante observar o entendimento da jurisprudência:
  » **Súmula Vinculante n. 26 do Supremo Tribunal Federal** – O juiz, no caso concreto, poderá condicionar a progressão do regime, nos crimes hediondos e equiparados, à realização de exame criminológico em decisão fundamentada (Brasil, 2009).
  » **Crimes cometidos antes da entrada em vigor da Lei n. 11.464/2007** – A Lei n. 11.464, de 28 de março de 2007, inseriu o requisito objetivo do *quantum* de cumprimento de pena para crimes hediondos equiparados (Brasil, 2007a). Para os crimes cometidos antes de 29/03/2007, aplica-se o cumprimento de 1/6 da pena, regra mais benéfica ao réu.

5.2.5 Regressão do regime

O art. 18 da Lei de Execução Penal sujeita a execução da pena privativa de liberdade à regressão, possibilitando a transferência para qualquer um dos regimes mais rigorosos, quando o condenado praticar fato definido como crime doloso ou falta grave ou, ainda, quando sofrer condenação, por crime anterior, cuja pena somada ao restante da pena a cumprir torne incabível o regime (Brasil, 1984).

5.2.6 Detração penal

A *detração penal* é o cômputo, na pena privativa de liberdade, ou na medida de segurança, do tempo cumprido, no Brasil ou no estrangeiro, em prisão provisória, administrativa, ou do tempo de internação em hospital de custódia e tratamento ou estabelecimento similar (Código Penal, art. 42).

Quanto a esse instituto, é importante frisar a alteração legislativa recente que inclui o parágrafo 2º no art. 387 do CPP, prevendo que a detração deve ser observada quando for fixado o regime inicial para o cumprimento da pena (Brasil, 1941b).

5.2.7 Remição

A *remição* é o desconto no tempo restante da pena do período em que o condenado trabalhou ou estudou durante a execução.

Conforme prevê o art. 126, parágrafo 1º, da Lei de Execuções Penais, o condenado que cumpre pena em regime fechado ou semiaberto pode descontar 1 dia de pena para cada 3 dias trabalhados ou por 12 horas de frequência escolar, divididos, no mínimo, em 3 dias (Brasil, 1984).

A lei prevê, ainda, que, se o condenado concluir o ensino fundamental, será beneficiado com o acréscimo de 1/3 do tempo a remir em razão do estudo (Brasil, 1984).

Além da remição pelo trabalho e pelo estudo, com previsão legal, o Superior Tribunal de Justiça admitiu a remição pela leitura, sob o argumento da aplicação da analogia *in bonan parte* (Brasil, 2015b), sendo objeto de regulamentação pelo Conselho Nacional de Justiça (Brasil, 2013b).

Mãos à obra

2) (Ibade – 2018 – Seplag-SE) Segundo a Lei n. 7.210/1984, a pena privativa de liberdade será executada em forma progressiva com a transferência para regime menos rigoroso, a ser determinada pelo juiz, quando:
   a. o condenado tiver cumprido 2/5 (dois quintos) da pena, se ele for réu primário, e de 3/5 (três quintos), se reincidente.
   b. o preso tiver cumprido ao menos 1/6 (um sexto) da pena no regime anterior e ostentar bom comportamento carcerário, comprovado pelo diretor do estabelecimento, respeitadas as normas que vedam a progressão.
   c. houver, por parte do condenado, bom comportamento carcerário e pagamento à vítima e ao Estado da indenização devida em decorrência do dano causado pelo crime.
   d. houver, por parte do preso, comportamento adequado; cumprimento mínimo de 1/6 (um sexto) da pena, se o condenado for primário, e 1/4 (um quarto), se reincidente; e compatibilidade do benefício com os objetivos da pena.
   e. o apenado apresentar, pelos seus antecedentes ou pelo resultado dos exames a que foi submetido, fundados indícios de que não irá ajustar-se, com autodisciplina e senso de responsabilidade, ao novo regime.

5.3 Penas restritivas de direitos

Como penas alternativas, as penas restritivas de direitos são penas autônomas e substituem a pena privativa de liberdade com a imposição de outras restrições e obrigações. O juiz, inicialmente, aplicará a pena privativa de liberdade e, preenchidos os requisitos legais, substituirá a pena imposta pelas restritivas de direitos.

O art. 43 do Código Penal (Brasil, 1940) elenca expressamente suas espécies, e os artigos subsequentes regulamentam a matéria:

» prestação pecuniária (art. 45, § 1º);
» perda de bens ou valores (art. 45, § 3º);
» prestação de serviços à comunidade ou a entidades públicas (art. 46);
» interdição temporária de direitos (art. 47);
» limitação de fim de semana (art. 48).

5.3.1 Requisitos legais para substituição

Os requisitos para a aplicação das penas restritivas de direitos são (Brasil, 1940):

» O *quantum* da pena aplicada: para crimes dolosos, a pena não pode ser superior a 4 anos; para crimes culposos, independe do *quantum* da pena.
» Que o crime não tenha sido cometido com violência ou grave ameaça contra pessoa.
» Que o agente não seja reincidente em crime doloso (se a reincidência não se referir à mesma espécie de crime e se mostrar a medida recomendável socialmente, o juiz poderá

realizar a substituição, conforme o parágrafo 3º do art. 44 do Código Penal).
» Que se verifiquem circunstâncias judiciais que indiquem que a substituição é suficiente (art. 59 do Código Penal).

5.3.2 Regras para a substituição

Sendo cabível a substituição, o juiz deverá observar as regras previstas no art. 44, parágrafo 2º, do Código Penal (Brasil, 1940):
» **Pena fixada na sentença igual ou inferior a 1 ano** – substituição por multa ou por uma pena restritiva de direitos.
» **Pena fixada superior a 1 ano** – substituição por duas penas restritivas de direitos, ou por uma pena restritiva e outra de multa.

5.3.3 Penas restritivas de direito em espécie

A legislação brasileira estabelece as seguintes penas restritivas de direito em espécie:
» **Prestação pecuniária** – conforme preceitua o art. 45, parágrafo 1º, do Código Penal, o juiz determina que o condenado realize o pagamento em dinheiro à vítima, a seus dependentes ou à entidade pública ou privada com destinação social, em montante não inferior a um salário mínimo, nem superior a 360 salários mínimos; o valor pago será descontado de futura indenização (Brasil, 1940). A prestação pecuniária não se confunde com a multa, que é dirigida ao Fundo Penitenciário e não pode ser descontada de futura indenização; multa não é pena restritiva de direito.

» **Perda de bens ou valores** – o art. 45, parágrafo 3º, do Código Penal estabelece que a perda de bens e valores "pertencentes aos condenados dar-se-á, ressalvada a legislação especial, em favor do Fundo Penitenciário Nacional, e seu valor terá como teto – o que for maior – o montante do prejuízo causado ou do provento obtido pelo agente ou por terceiro, em consequência da prática do crime" (Brasil, 1940).

» **Prestação de serviços à comunidade** – Será possível quando a pena fixada na sentença for superior a 6 meses, e o condenado deverá cumprir 1 hora de tarefa gratuita por dia de condenação em entidades assistenciais, hospitais, escolas, orfanatos ou estabelecimentos congêneres, em programas comunitários ou estatais (Código Penal, art. 46).

» **Interdição temporária de direitos** – Corresponde à proibição do exercício de determinados direitos pelo prazo correspondente ao da pena substituída, podendo ser aplicáveis a crimes determinados (ex.: suspensão de autorização ou de habilitação para dirigir veículo aplicável aos crimes culposos cometidos no trânsito, conforme o art. 57 do Código Penal) ou aplicáveis de forma genérica, ou seja, a qualquer infração penal (ex: proibição de frequentar determinados lugares).

» **Limitação de fim de semana** – Consiste na obrigação de permanecer, aos sábados e domingos, por 5 horas diárias, em casa do albergado ou estabelecimento similar, onde, poderão ser ministrados cursos, palestras ou atividades educativas (Código Penal, art. 48).

Mãos à obra

3) (Fumarc – 2018 – PC-MG) Com relação à substituição das penas privativas de liberdade pelas restritivas de direito, é correto afirmar:

   a. Beltrano, maior, capaz e primário, subtraiu um carneiro da fazenda de um amigo, sendo condenado a dois anos de reclusão. No caso concreto, possuindo todas as circunstâncias judiciais favoráveis e sendo mais benéfico ao réu, deve o juiz conceder a Beltrano a suspensão condicional da pena ao invés da substituição prevista no art. 44 do CP.
   b. Marreco, maior e capaz, ameaçou de morte sua companheira, sendo processado e definitivamente condenado pelo crime de ameaça à pena de seis meses de detenção. Nesse caso, conforme entendimento sumulado pelo STJ, tem o agente direito à substituição da pena privativa de liberdade por pena restritiva de direitos, desde que não seja a de prestação pecuniária ou a inominada.
   c. Sinfrônio, capaz, possui condenação definitiva pela prática do crime de invasão de dispositivo informático à pena de dois anos de detenção. Decorridos quatro anos do cumprimento integral da pena anterior, foi ele novamente condenado pelo mesmo crime à pena de um ano de detenção. Mesmo sendo o agente reincidente, se socialmente recomendável, conforme previsto no §3º do art. 44 do Código Penal, pode o juiz substituir a pena privativa de liberdade por restritiva de direitos.

d. Tício, capaz e devidamente habilitado, após ingerir substância entorpecente, assustou-se ao desviar o veículo que dirigia de um buraco na pista, perdendo o controle do automóvel e vindo a causar a morte de uma criança. Pelo resultado praticado, foi condenado por homicídio culposo, com as penas alteradas pela Lei n. 13.546/17, a seis anos de reclusão. Nessa situação, Tício tem direito à substituição da pena privativa de liberdade por pena restritiva de direitos.

5.4 Pena de multa

Pena é uma modalidade de sanção penal que atinge o patrimônio do réu e consiste na obrigação imposta ao sentenciado de pagar quantia em dinheiro ao Fundo Penitenciário.

A multa poderá ser **originária**, quando imposta no próprio tipo penal (multa abstrata), a exemplo do crime de roubo (pena: reclusão de 4 a 10 anos e multa); ou ser **substitutiva** (vicariante) da pena privativa de liberdade, conforme estabelece o art. 44, parágrafo 2º do Código Penal (Brasil, 1940).

5.4.1 Fixação da multa

De acordo com o art. 49 do Código Penal, o juiz fixará o número de dias-multa, observando o mínimo de 10 e o máximo de 360 dias-multa. A regra para estabelecer o número de dias-multa deve obedecer ao critério trifásico do art. 68 do

Código Penal: pena-base/circunstâncias legais; pena-intermediária/agravantes e atenuantes; pena-definitiva/causas de aumento e de diminuição (Brasil, 1940).

Fixado o número de dias-multa, o juiz atribuirá o valor do dia-multa, atento ao limite legal do mínimo de 1/30 do salário mínimo e, no máximo, 5 salários mínimos (art. 49, parágrafo 1º, do Código Penal), observando a condição econômica do acusado (Brasil, 1940).

O artigo 60, parágrafo 1º, do Código Penal admite que o juiz triplique o valor da multa se entender que o valor do dia-multa fixado no patamar máximo mostra-se ineficaz e insuficiente (Brasil, 1940).

Com relação ao concurso de crimes, a aplicação da pena de multa tem regra específica, prevista no art. 72 do Código Penal, segundo a qual as penas previstas cumulativamente com a pena privativa de liberdade devem ser somadas, não incidindo as regras relativas à aplicação das penas privativas de liberdade no caso de concurso de crimes (arts. 70 e 71) (Brasil, 1940).

5.4.2 Pagamento da multa

Com o trânsito em julgado da sentença que condenou o réu ao pagamento de multa, após a atualização monetária e ouvido o Ministério Público, o juiz determinará a intimação do condenado para pagamento no prazo de 10 dias. O pagamento poderá ser em parcelas mensais se o juiz permitir diante do caso concreto e a pedido do condenado (Código Penal, art. 50).

A extinção da pena ocorrerá com o pagamento integral da multa, contudo, caso o condenado deixe de pagar a multa, incidirão as regras relativas à dívida ativa, promovendo-se a execução fiscal pela Procuradoria da Fazenda.

Mãos à obra

4) (Cespe – 2017 – MPE-RR) De acordo com o entendimento do STF a respeito de assuntos afetos ao direito penal, assinale a opção correta:
   a. No latrocínio – roubo seguido de morte –, responderá apenas pelo roubo o autor que não estiver fisicamente no ambiente em que ocorrer a morte, por não provocá-la diretamente e por sua participação ser considerada de menor importância.
   b. É hediondo o tráfico privilegiado de drogas, ainda que sujeito à redução de pena, conforme disposições da Lei Antidrogas, razão por que seu autor tem de atender a requisitos mais severos para o livramento condicional, não lhe sendo permitida a progressão de regime.
   c. O inadimplemento da pena de multa imposta ao sentenciado impede a sua progressão de regime, salvo se ele comprovar absoluta impossibilidade econômica.
   d. À prática clandestina de atividade de telecomunicação consistente em manutenção de rádio comunitária não se aplica o princípio da insignificância, independentemente do grau de interferência do sinal e mesmo que presente a boa-fé do infrator.

5.5 Aplicação da pena

Para a aplicação da pena, o juiz observará o procedimento previsto no Código Penal (arts. 59 a 76) para a aplicação da pena ao condenado, respeitando a previsão constitucional da individualização da pena (art. 5º, inciso XLVI da CF de 1988). O art. 59 do Código Penal traça uma diretriz que deverá ser observada pelo juiz na aplicação da pena:

» escolher as penas aplicáveis entre as cominadas;
» determinar a quantidade de pena aplicável dentro dos limites previstos;
» fixar o regime inicial de cumprimento da pena privativa de liberdade;
» realizar a substituição da pena privativa da liberdade aplicada, por outra espécie de pena, se cabível (Brasil, 1940).

5.5.1 Dosimetria

O Código Penal adotou, em seu art. 68, o sistema trifásico para dosimetria da pena, ou seja, o juiz percorrerá três fases até a fixação da sentença definitiva:

» **1ª fase** – O juiz fixará a pena-base observando as circunstâncias judiciais estabelecidas no art. 59, *caput*, do Código Penal:
  » Culpabilidade do agente – Menor ou maior grau de reprovabilidade da conduta do agente.
  » Antecedentes do agente – Vida pregressa do agente (antes do crime). A jurisprudência considera como antecedentes criminais as condenações definitivas com trânsito em julgado.
  » Conduta social do agente – Comportamento do réu no ambiente social.

- » Personalidade do agente.
- » Motivos do crime – O porquê da prática da infração penal.
- » Circunstância do crime – O modo de atuação do agente pode ser considerado (condições de tempo e local, relação com a vítima, instrumento etc.).
- » Consequências do crime – Efeitos decorrentes do crime.
- » Comportamento da vítima – A culpa concorrente da vítima pode atenuar a pena.
- » **2ª fase** – Sobre a pena-base, o juiz deverá considerar a incidência das agravantes dos arts. 61 e 62 e das atenuantes dos arts. 65 e 66, todos do Código Penal. Nessa fase, busca-se a pena intermediária, fixada a partir da pena-base, considerando as circunstâncias genéricas previstas na Parte Geral do Código Penal (Brasil, 1940). As **agravantes** genéricas estão previstas nos arts. 61 e 62 do Código Penal, em um rol taxativo (Brasil, 1940):
    - » Reincidência – O art. 63 do Código Penal define a reincidência: "Verifica-se a reincidência quando o agente comete novo crime, depois de transitar em julgado a sentença que, no País ou no estrangeiro, o tenha condenado por crime anterior" (Brasil, 1940), observado o período depurador de cinco anos, estabelecido pelo art. 64, inciso I, do Código Penal.
    - » Motivo fútil ou torpe – Fútil é o motivo insignificante, pequeno. Torpe é o motivo vil, repugnante.
    - » Crime cometido para facilitar ou assegurar a execução ou ocultação, a impunidade ou a vantagem de outro crime.
    - » Crime cometido com traição, emboscada, dissimulação ou outro recurso que dificultou ou tornou impossível a defesa do ofendido.

- » Crime cometido com emprego de veneno, fogo, explosivo, tortura ou outro meio insidioso ou cruel, ou de que possa resultar perigo comum.
- » Crime praticado contra descendente, ascendente, irmão ou cônjuge.
- » Crime praticado com abuso de autoridade ou prevalecendo-se de relações domésticas, de coabitação ou hospitalidade ou com violência contra a mulher, na forma da lei específica.
- » Crime praticado com abuso de poder ou violação de dever inerente a cargo, ofício, ministério ou profissão.
- » Crime praticado contra criança, maior de 60 anos, enfermo ou mulher grávida.
- » Crime praticado quando o ofendido estava sob imediata proteção da autoridade.
- » Crime praticado em ocasião de incêndio, naufrágio, inundação ou qualquer calamidade pública ou desgraça particular do ofendido.
- » Crime praticado em estado de embriaguez preordenada.
- » No caso de crime praticado por duas ou mais pessoas, a pena será agravada em relação ao agente que: (a) promove ou organiza a cooperação no crime ou dirige a atividade dos demais agentes (coautor intelectual); (b) coage ou induz outrem à execução material do crime (autor mediato); (c) instiga ou determina a cometer o crime alguém sujeito à sua autoridade ou não punível em virtude de condição ou qualidade pessoal (autor mediato); (d) executa o crime ou dele participa mediante paga ou promessa de recompensa (mercenário).

A análise na segunda fase realiza-se também sobre as circunstâncias **atenuantes** da pena, previstas nos arts. 65 e 66 do Código Penal (Brasil, 1940):

- » Menoridade – O agente à época do fato era menor de 21 anos.
- » Agente maior de 70 anos na data da sentença.
- » Desconhecimento da lei – Funciona como atenuante genérica.
- » Cometer o crime por motivo de relevante valor moral ou social.
- » Procurar, por sua espontânea vontade e com eficiência, logo após o crime, evitar-lhe ou minorar-lhe as consequências, ou ter, antes do julgamento, reparado o dano.
- » Cometer o crime sob coação a que podia resistir, ou em cumprimento de ordem de autoridade superior, ou sob a influência de violenta emoção, provocada por ato injusto da vítima.
- » Confissão espontânea perante autoridade.
- » Cometer o crime sob a influência de multidão em tumulto, se não o provocou.

Ainda na segunda fase, além das circunstâncias atenuantes específicas ora arroladas, o julgador poderá considerar circunstâncias **atenuantes inominadas**, conforme prevê o art. 66 do Código Penal: "A pena poderá ser ainda atenuada em razão de circunstância relevante, anterior ou posterior ao crime, embora não prevista expressamente em lei" (Brasil, 1940).

- » **3ª fase** – A pena definitiva será estabelecida nessa fase com base na pena intermediária alcançada na segunda fase, após a incidência sobre ela das causas de aumento e de diminuição de pena. As majorantes e as minorantes estabelecem um *quantum* fixo ou variável e estão previstas tanto no Código Penal (Parte Geral e Parte Especial) quanto na legislação especial. Nessa fase, ao contrário das fases anteriores, o juiz não está obrigado a observar o limite das penas em abstrato, podendo, após considerar majorantes e minorantes, ir aquém da pena mínima ou além da pena máxima contida no tipo penal.

Mãos à obra

5) (FAPEMS – 2017 – PC-MS) No que diz respeito ao sistema de aplicação da pena, assinale a alternativa correta:

a. No caso de condenado reincidente em crime doloso, porém com as circunstâncias do artigo 59 do Código Penal inteiramente favoráveis, a pena-base pode ser aplicada no mínimo legal.
b. A qualificadora da torpeza no crime de homicídio (CP, artigo 121, § 2°, inciso I) determina a majoração do quantum de pena privativa de liberdade na terceira fase da dosimetria.
c. O início do cumprimento de pena privativa por condenação pelo crime de homicídio culposo na direção de veículo automotor (artigo 302 da Lei n° 9.503/1997) sempre será no regime fechado em razão da gravidade da conduta em relação ao bem jurídico protegido penalmente.
d. Sendo as circunstâncias judiciais favoráveis, admite-se a fixação do regime inicial aberto para o condenado reincidente, quando a pena fixada na sentença é igual ou inferior a quatro anos.
e. Na sentença condenatória por crime de estelionato (CP, artigo 171, *caput*), a pena aplicada em um ano de prisão pode ser substituída por duas penas restritivas de direitos, desde que presentes os requisitos previstos no artigo 44 do Código Penal.

5.6 Suspensão condicional da pena (*sursis*)

A suspensão condicional da pena, também denominada *sursis*, refere-se à suspensão da execução da pena privativa de liberdade aplicada pelo juiz na sentença condenatória, após a verificação dos requisitos legais, ficando o sentenciado em liberdade sob determinadas condições, e, se após o término do período de prova o sentenciado não tiver dado causa à revogação do benefício, será causa de extinção da pena (Código Penal, art. 77 a 80).

5.6.1 Sistemas

A doutrina menciona dois principais sistemas de suspensão condicional da pena (Masson, 2012):

» **Sistema franco-belga** – Adotado pelo Código Penal (art. 77 a 82), o réu é processado e condenado, mas o juiz suspende a execução da pena imposta desde que presentes certos requisitos.

» **Sistema anglo-americano** – Não tem previsão em nosso ordenamento. O réu é processado, há o reconhecimento da existência de provas contra o acusado, mas o juiz não o condena, submetendo-o a um período de prova, evitando-se a imposição da pena.

5.6.2 Requisitos

Os requisitos para a concessão da suspensão condicional da pena podem ser objetivos e subjetivos. Vejamos:

- » **Requisitos objetivos:**
  - » Qualidade da pena (art. 77, *caput*, do Código Penal) – Pena privativa de liberdade.
  - » Quantidade da pena – Pena privativa de liberdade não superior a 2 anos (art. 77, *caput*, do Código Penal) ou não superior a 4 anos para *sursis* etário (art. 77, parágrafo 2º, do Código Penal); para crimes ambientais, pena não superior a 3 anos.
  - » Reparação do dano no *sursis* especial, salvo impossibilidade de fazê-lo.
- » **Requisitos subjetivos:**
  - » Não ser o réu reincidente em crime doloso, salvo se, na condenação anterior, foi aplicada somente a pena de multa (art. 77, inciso I e parágrafo 1º, do Código Penal).
  - » Circunstâncias judiciais favoráveis (art. 59 do Código Penal).
  - » Não ser indicada ou cabível a substituição da pena privativa de liberdade por restritiva de direitos (art. 77, inciso III, do Código Penal).

5.6.3 Espécies e condições

O Código Penal prevê duas espécies de *sursis* que diferem quanto às condições a serem cumpridas no período de prova. Vejamos:

- » ***Sursis* simples** – Previsto nos arts. 77 e 78, parágrafo 1º, do Código Penal, caberá quando o condenado não reparou o dano injustificadamente ou quando as circunstâncias judiciais previstas no art. 59 do Código Penal não lhe são favoráveis. No primeiro ano, o condenado presta serviços à comunidade ou submete-se à limitação de fim de semana (Brasil, 1940).

» **Sursis especial** – Previsto no art. 78, parágrafo 2º, do Código Penal, aplica-se aos casos em que o condenado reparou o dano, salvo justificativa, e lhe são favoráveis as circunstâncias do art. 59 do Código Penal. Não precisa se submeter à prestação de serviços à comunidade nem à limitação de fim de semana, mas caberão as seguintes condições: proibição de frequentar determinados lugares; proibição de ausentar-se da comarca onde reside, sem autorização judicial; comparecimento pessoal e obrigatório ao juízo, mensalmente, para informar e justificar suas atividades (Brasil, 1940).

» **Sursis etário** – Previsto no art. 77, parágrafo 2º, do Código Penal, esse instituto é aplicável ao condenado maior de 70 anos de idade, condenado à pena privativa de liberdade não superior a quatro anos, que poderá ser suspensa por quatro a seis anos (Brasil, 1940).

» **Sursis humanitário** – Previsto no art. 77, parágrafo 2º, do Código Penal, o benefício é concedido por razões de saúde do condenado à pena privativa de liberdade não superior a 4 anos, que poderá ser suspensa por quatro a seis anos (Brasil, 1940).

Além das condições expressas no Código Penal, seu art. 79 autoriza o juiz a fixar, na sentença, outras condições a que fica subordinada a suspensão da pena, conforme o fato concreto e a situação pessoal do condenado (Brasil, 1940).

5.6.4   Revogação

A legislação penal traz de forma expressa as hipóteses de revogação, sendo obrigatória nas situações previstas no art. 81, incisos I a III, e facultativa nas situações elencadas no art. 81, parágrafo 1º, do Código Penal.

» **Revogação obrigatória:**
  » Condenação em sentença irrecorrível por crime doloso.
  » Frustrar, embora solvente, a execução de pena de multa ou não efetua, sem motivo justificado, a reparação do dano.
  » Descumprir a determinação de prestação de serviços à comunidade ou a limitação de fim de semana.
» **Revogação facultativa:**
  » Descumprimento de qualquer condição imposta.
  » Condenação irrecorrível, por crime culposo ou por contravenção, à pena restritiva de liberdade ou restritiva de direitos.

No caso de revogação facultativa, o juiz poderá, em vez de decretar a revogação, prorrogar o período de prova até o máximo, se este não foi o fixado (Código Penal, art. 81, § 3º).

Outro caso de prorrogação do período de prova encontra-se previsto no art. 81, parágrafo 2º, do Código Penal: quando o beneficiário está sendo processado por outro crime ou contravenção, o juiz prorrogará o prazo da suspensão até o julgamento definitivo (Brasil, 1940).

5.6.5 Extinção da pena

Encerrado o período de prova sem a revogação motivada pelas causas previstas legalmente, a pena privativa de liberdade é extinta (Código Penal, art. 82).

Mãos à obra

6) (FCC – 2017 – TJ-SC) Sobre a suspensão condicional da pena, é correto afirmar:
   a. Nos crimes previstos na Lei ambiental n° 9.605/98, a suspensão poderá ser aplicada em condenação a pena privativa de liberdade não superior a quatro anos.
   b. No primeiro ano do prazo, deverá o condenado cumprir uma das penas alternativas previstas no artigo 44 do Código Penal.
   c. A execução da pena privativa de liberdade, não superior a quatro anos, poderá ser suspensa, por quatro a seis anos, desde que o condenado seja maior de sessenta anos de idade.
   d. É causa de revogação obrigatória a condenação por crime doloso e culposo.
   e. É causa de revogação obrigatória a frustração da execução de pena de multa, embora solvente.

5.7 Livramento condicional

O livramento condicional é uma forma de liberdade antecipada do condenado antes do término do cumprimento da pena. O período de prova do livramento condicional será o tempo restante da pena em que o condenado fica liberado e sujeito a determinadas condições. Esse benefício está previsto legalmente no art. 83 do Código Penal e nos arts. 131 a 146 da Lei de Execução Penal (Brasil, 1940; Brasil, 1984).

5.7.1 Requisitos

A concessão do benefício exige o cumprimento dos requisitos (objetivos e subjetivos) previstos no art. 83 do Código Penal.

- » **Requisitos objetivos:**
  - » A pena imposta deve ser privativa de liberdade.
  - » Condenação à pena igual ou superior a dois anos.
  - » Reparação do dano, salvo impossibilidade de fazê-lo.
  - » Cumprimento de parte da pena – (a) crimes comuns/réu primário: mais de 1/3; (b) crimes comuns/reincidente: mais de 1/2; (c) crimes hediondos e equiparados (não reincidente específico): mais de 2/3.
- » **Requisitos subjetivos:**
  - » Comportamento carcerário satisfatório.
  - » Bom desempenho no trabalho que lhe foi atribuído.
  - » Aptidão para manter a própria subsistência.
  - » No caso de crime doloso praticado com violência ou grave ameaça à pessoa, é imprescindível a constatação de condições pessoais que façam presumir que o liberado não voltará a delinquir.

5.7.2 Condições

As condições obrigatórias e facultativas para a concessão do livramento condicional estão previstas no art. 132 da Lei de Execução Penal (Brasil, 1984) e são as seguintes:

- » **Condições obrigatórias**:
  - » Obter ocupação lícita.
  - » Comparecer periodicamente em juízo para justificar suas atividades.
  - » Não mudar de comarca sem autorização do juiz da execução.

» **Condições facultativas:**
  » Não mudar de residência sem autorização do juízo.
  » Recolher-se à residência em hora fixada.
  » Não frequentar determinados lugares.
  » Outras condições a critério do juiz, conforme o caso concreto e a situação pessoal do acusado.

5.7.3 Revogação do livramento

A revogação do livramento condicional poderá ocorrer de ofício, pelo juízo das execuções, ou em razão de requerimento do Ministério Público ou representação do Conselho Penitenciário, após ouvir o condenado (Lei de Execução Penal, art. 143 – Brasil, 1984).

As causas podem ser obrigatórias ou facultativas e estão previstas no art. 86 e 87 do Código Penal (Brasil, 1940), conforme segue.

» **Revogação obrigatória:**
  » Condenação por sentença transitada em julgado à pena privativa de liberdade por crime cometido durante a vigência do benefício (o tempo em que o sentenciado permaneceu em liberdade não será descontado).
  » Condenação por sentença transitada em julgado à pena privativa de liberdade, por crime cometido antes do benefício (o tempo em que permaneceu em liberdade será descontado, e o restante poderá ser somado ao tempo da segunda condenação para fim de obtenção de novo benefício).
» **Revogação facultativa:**
  » Deixar de cumprir quaisquer das obrigações impostas na sentença (não se desconta o período do livramento, e o condenado não mais poderá obter o benefício).

» Condenação irrecorrível por crime ou contravenção à pena que não seja privativa de liberdade (se for delito anterior, será descontado o tempo do livramento; se for delito cometido durante a vigência do benefício, não haverá o desconto).

5.7.4 Hipóteses de suspensão e revogação do livramento

O art. 145 da Lei de Execuções Penais prevê hipótese cautelar de suspensão do curso do livramento com a prisão do condenado quando o beneficiário praticar nova infração penal. No entanto, a revogação ocorrerá após decisão final no processo do novo delito (Brasil, 1984).

O art. 89 do Código Penal, por sua vez, prevê a hipótese de prorrogação do período de prova se, ao término do prazo, o réu estiver sendo processado por crime cometido em sua vigência. Se, ao final, o réu for absolvido, o juiz decretará a extinção da pena; se condenado à pena privativa de liberdade, o juiz decretará obrigatoriamente a revogação do benefício ou, se a condenação for de outra espécie, a revogação será facultativa (Brasil, 1940).

5.7.5 Extinção da pena

Segundo o art. 90 do Código Penal, não sendo o livramento revogado ou prorrogado até o término do período de prova, o juiz deverá declarar a extinção da pena após ouvir o Ministério Público (Brasil, 1940).

Mãos à obra

7) (FGV – 2018 – MPE-AL) Enquanto cumpria pena em livramento condicional, Jaqueline vem a ser condenada, novamente, pela prática de crime, sendo aplicada pena privativa de liberdade, havendo trânsito em julgado. O crime, porém, que justificou a segunda condenação era por fato anterior àquele que impôs a condenação da pena que cumpria em livramento condicional, exatamente por isso não sendo reconhecida a reincidência. Considerando apenas as informações narradas, sobre a nova condenação assinale a afirmativa correta.

a. Não é prevista, por ser por fato anterior, como causa de revogação do livramento condicional.
b. É causa de revogação obrigatória, podendo o período em livramento condicional ser considerado como pena cumprida.
c. É causa de revogação facultativa, podendo o período em livramento condicional ser considerado como pena cumprida, mesmo em caso de revogação.
d. É causa de revogação obrigatória, não sendo considerado como pena cumprida o período em livramento condicional.
e. É causa de revogação facultativa e, em caso de revogação, o período em livramento condicional não poderá ser considerado como pena cumprida.

5.8 Concurso de crimes

Ocorre concurso de crimes quando o agente, mediante uma ou mais de uma ação ou omissão, pratica dois ou mais crimes.

Quanto à aplicação da pena no concurso de crimes, três sistemas devem ser considerados (Masson, 2012):

» **Sistema do cúmulo material** – Nesse sistema, as penas dos delitos diversos serão somadas. É a sistemática adotada pelo Código Penal no caso de concurso material (art. 69), concurso formal impróprio (art. 70, *caput*, segunda parte) e na aplicação das penas de multa (art. 72).

» **Sistema de exasperação** – Aplica-se, conforme esse sistema, a pena mais grave entre as cominadas para os vários crimes, majorando-se a pena aplicada no *quantum* determinado legalmente. O Código Penal adotou o sistema de exasperação no concurso formal próprio (art. 70, *caput*, primeira parte) e na continuidade delitiva (art. 71).

» **Sistema de absorção** – Segundo esse sistema, aplica-se a pena da infração penal mais grave entre as infrações praticadas, não havendo aumento. A pena aplicada ao delito mais grave acaba por absorver as penas dos demais crimes.

5.8.1 Concurso material

O concurso material, ou real, previsto no art. 69 do Código Penal, ocorre quando o agente, mediante mais de uma ação ou omissão, pratica dois ou mais crimes, idênticos ou não, e a aplicação da pena se dará com a soma dos diversos crimes praticados (sistema do cúmulo material). Vejamos a redação do dispositivo: "Quando o agente, mediante mais de uma ação ou omissão, pratica dois ou mais crimes, idênticos ou não, aplicam-se cumulativamente as penas privativas de liberdade em que haja incorrido. No caso de aplicação cumulativa de penas de reclusão e de detenção, executa-se primeiro aquela" (Brasil, 1940). Exemplo: extorsão mediante sequestro e estupro da vítima sequestrada (arts. 159 e 213 do Código Penal).

São **espécies** de concurso material (Cunha, 2016):
» **Concurso material homogêneo** – Crimes idênticos (ex.: dois furtos).
» **Concurso material heterogêneo** – Crimes diversos (ex.: roubo e estupro).

5.8.2 Concurso formal

O concurso formal, ou ideal, ocorre quando o agente, mediante uma só ação ou omissão, pratica dois ou mais crimes, idênticos ou não, aplicando-se o sistema de exasperação para imposição da pena. Tem previsão no art. 70 do Código Penal:

Art. 70. Quando o agente, mediante uma só ação ou omissão, pratica dois ou mais crimes, idênticos ou não, aplica-se-lhe a mais grave das penas cabíveis ou, se iguais, somente uma delas, mas aumentada, em qualquer caso, de um sexto até metade. As penas aplicam-se, entretanto, cumulativamente, se a ação ou omissão é dolosa e os crimes concorrentes resultam de desígnios autônomos, consoante o disposto no artigo anterior.

Parágrafo único. Não poderá a pena exceder a que seria cabível pela regra do art. 69 deste Código. (Brasil, 1940)

São **espécies** de concurso formal (Cunha, 2016):
» **Concurso formal homogêneo** – Os crimes resultantes da conduta única são da mesma espécie (ex.: acidente de trânsito em que o sujeito causa lesões corporais em várias pessoas).

» **Concurso formal heterogêneo** – Os crimes são de espécies distintas (ex.: em um acidente de trânsito, o sujeito provoca a morte de uma vítima e lesão corporal em outra).

» **Concurso formal próprio** – O agente não tem intenção independente em relação a cada crime (desígnios autônomos).

» **Concurso formal impróprio, imperfeito** – O agente dolosamente age com desígnios autônomos (propósito de produzir, com uma única conduta, mais de um crime).

Na hipótese de concurso formal próprio ou perfeito, o legislador previu uma forma de beneficiar o réu quando o sistema de exasperação for mais prejudicial que o sistema de cúmulo material (soma das penas). Trata-se do **concurso material benéfico**, previsto no parágrafo único do art. 70 do Código Penal, que foi expresso ao exigir a aplicação da regra do concurso material nesses casos: "Não poderá a pena exceder a que seria cabível pela regra do art. 69 deste Código" (Brasil, 1940).

5.8.3 Crime continuado

A continuidade delitiva ocorre quando o agente, por meio de duas ou mais condutas, comete dois ou mais crimes da mesma espécie e, pelas condições de tempo, lugar, modo de execução e outras semelhantes, devem os subsequentes ser havidos como continuação do primeiro. Com relação à aplicação da pena, utiliza-se o sistema de exasperação (Masson, 2012).

O art. 71 do Código Penal adotou a **teoria da ficção jurídica** (Francesco Carrara), considerando a continuidade delitiva como uma ficção criada por razões de política criminal (Masson, 2012). Existem vários crimes, mas são considerados com um único delito para fins de aplicação da pena. Vejamos o teor do dispositivo citado:

> Art. 71. *Quando o agente, mediante mais de uma ação ou omissão, pratica dois ou mais crimes da mesma espécie e, pelas condições de tempo, lugar, maneira de execução e outras semelhantes, devem os subsequentes ser havidos como continuação do primeiro, aplica-se-lhe a pena de um só dos crimes, se idênticas, ou a mais grave, se diversas, aumentada, em qualquer caso, de um sexto a dois terços.*
>
> *Parágrafo único. Nos crimes dolosos, contra vítimas diferentes, cometidos com violência ou grave ameaça à pessoa, poderá o juiz, considerando a culpabilidade, os antecedentes, a conduta social e a personalidade do agente, bem como os motivos e as circunstâncias, aumentar a pena de um só dos crimes, se idênticas, ou a mais grave, se diversas, até o triplo, observadas as regras do parágrafo único do art. 70 e do art. 75 deste Código.*
> (Brasil, 1940)

Da redação do texto do art. 71 do Código Penal, é possível extrair os **requisitos objetivos** do crime continuado:

» Pluralidade de condutas.
» Pluralidade de crimes da mesma espécie – previstos no mesmo tipo penal.
» Conexão temporal – o espaço temporal entre o primeiro e o último crime não pode ultrapassar 30 dias (posição jurisprudencial).
» Conexão espacial – crimes praticados na mesma comarca ou em comarcas vizinhas.
» Conexão modal – a maneira de execução dos diversos crimes deve ser semelhante.
» Outras condições semelhantes que demonstrem a continuidade (art. 71, *caput*).

Quanto ao **requisito subjetivo**, denominado *unidade de desígnio*, as teorias a seguir expostas, com base em Masson (2012), tratam sobre o tema:
» **Teoria objetiva-subjetiva** – Não basta a presença dos requisitos objetivos previstos no art. 71, *caput*, do Código Penal, é necessário que o agente tenha planejado previamente a prática dos diversos crimes em continuidade delitiva, exigindo-se, portanto, a unidade de desígnio (requisito subjetivo).
» **Teoria objetiva pura ou puramente objetiva** – É suficiente a presença dos requisitos objetivos previstos no art. 71, *caput*, do Código Penal, dispensando-se a intenção do agente de praticar os crimes em continuidade delitiva (unidade de desígnio).

Quanto às **espécies**, os crimes continuados podem ser assim classificados (Masson, 2012):
» **Crime continuado comum** – Previsto no *caput* do art. 71 do Código Penal: "Quando o agente, mediante mais de uma ação ou omissão, pratica dois ou mais crimes da **mesma espécie** e, pelas condições de tempo, lugar, maneira de execução e outras semelhantes [...]" (Brasil, 1940, grifo nosso). Nesse caso, conforme a jurisprudência do Superior Tribunal de Justiça, o *quantum* do aumento variará de acordo com o número de crimes praticados (Brasil, 2018a).
» **Crime continuado específico** – Previsto no parágrafo único do art. 71, parágrafo único: "Nos crimes **dolosos**, contra **vítimas diferentes**, cometidos **com violência ou grave ameaça à pessoa**, poderá o juiz, considerando a culpabilidade, os antecedentes, a conduta social e a personalidade do agente, bem como os motivos e as circunstâncias, [...]" (Brasil, 1940, grifo nosso).

A regra que beneficia o réu quando a aplicação da soma das penas do crime for mais benéfica que a exasperação deve ser aplicada no caso do crime continuado, conforme expressa previsão legal da parte final do dispositivo.

5.8.4 Erro na execução (*aberratio ictus*)

Ocorre erro na execução quando, por acidente ou erro no uso dos meios de execução (ex.: erro de pontaria), o agente, em vez de atingir a pessoa visada, atinge pessoa diversa. A responsabilidade do agente, nesse caso, incidirá conforme preceitua o art. 73 do Código Penal:

> *Art. 73. Quando, por acidente ou erro no uso dos meios de execução, o agente, ao invés de atingir a pessoa que pretendia ofender, atinge pessoa diversa, responde como se tivesse praticado o crime contra aquela, atendendo-se ao disposto no § 3º do art. 20 deste Código. No caso de ser também atingida a pessoa que o agente pretendia ofender, aplica-se a regra do art. 70 deste Código.* (Brasil, 1940)

As espécies de *aberratio ictus* são assim classificadas:
- » **Erro na execução com resultado único (unidade simples)** – Em virtude do erro, o agente não atinge a pessoa que pretendia e atinge somente pessoa diversa (art. 73, *caput*, primeira parte, do Código Penal). Nesse caso, responderá como se tivesse praticado o crime contra aquela, considerando as condições e as qualidades da pessoa que se pretendia ofender (Brasil, 1940). Exemplo: João atira em sua esposa, mas, por erro de pontaria, atinge pessoa diversa; responderá por feminicídio consumado.
- » **Erro na execução com resultado duplo** – Quando o agente, além de atingir a pessoa visada, atinge pessoa diversa (art. 73, *caput*, segunda parte, do Código Penal).

Nesse caso, deve aplicar-se a regra do concurso formal próprio, com exasperação da pena, ou seja, será aplicada a mais grave das penas cabíveis ou, se idênticas, somente uma delas, mas com o aumento, em qualquer caso, de um sexto até metade (Brasil, 1940).

5.8.5 Resultado diverso do pretendido (*aberratio criminis*)

O art. 74 do Código Penal prevê a hipótese de *aberratio criminis ou delicti* quando, fora dos casos do art. 73, por acidente ou erro na execução do crime, sobrevém resultado diverso do pretendido, atingindo outro bem jurídico:

> *Art. 74. Fora dos casos do artigo anterior, quando, por acidente ou erro na execução do crime, sobrevém resultado diverso do pretendido, o agente responde por culpa, se o fato é previsto como crime culposo; se ocorre também o resultado pretendido, aplica-se a regra do art. 70 deste Código.* (Brasil, 1940)

Difere-se do erro de execução, pois este ocorre de pessoa para pessoa, ao passo que, no resultado diverso do pretendido, o erro ocorre de coisa para pessoa ou de pessoa para coisa. Se o resultado não pretendido acontecer junto ao resultado pretendido, será aplicada a pena mais grave, ou, se idênticas, somente uma delas, mas com o aumento, em qualquer caso, de um sexto até metade.

5.8.6 Limite das penas privativas de liberdade

O art. 5º, inciso XLVII, da CF de 1988 veda a aplicação de pena de caráter perpétuo, o que inviabilizaria a ressocialização do condenado (Brasil, 1988). Por sua vez, o art. 75 do Código Penal estabelece um limite para o cumprimento das penas privativas de liberdade: "O tempo de cumprimento das penas privativas de liberdade não pode ser superior a 30 (trinta) anos" (Brasil, 1940).

Portanto, quando o agente for condenado a penas privativas de liberdade cuja soma seja superior a 30 anos, devem elas ser unificadas para atender ao parágrafo 1º do art. 75 do Código Penal (Brasil, 1940).

No entanto, é preciso atentar para a orientação do Supremo Tribunal Federal quanto à base na pena total aplicada para fins de cálculo referente aos benefícios legais, expressa em sua Súmula n. 715, nos seguintes termos: "A pena unificada para atender ao limite de trinta anos de cumprimento, determinado pelo art. 75 do Código Penal, não é considerada para a concessão de outros benefícios, como o livramento condicional ou regime mais favorável de execução" (Brasil, 2003c).

Mãos à obra

8) (Fumarc – 2018 – PC-MG) Com relação ao concurso de crimes, é correto afirmar:
   a. Não se admite a aplicação da suspensão condicional do processo ao crime continuado.
   b. No caso hipotético em que Gioconda, ao dirigir seu automóvel de maneira imprudente, perde o controle do carro, matando três pessoas e lesionando gravemente outras cinco, deve ser reconhecido o concurso formal próprio de crimes pelo qual lhe será aplicada somente uma pena, a mais grave, aumentada de um sexto até a metade.
   c. No concurso de crimes, a aplicação da pena de multa observa as regras pertinentes à modalidade de concurso que incide no caso concreto.
   d. No concurso formal, aplica-se a mais grave das penas cabíveis ou, se iguais, somente uma delas, mas aumentada, em qualquer caso, de um sexto até a metade, ainda que os crimes concorrentes resultem de desígnios autônomos.

5.9 Medidas de segurança

Medida de segurança é uma resposta penal destinada à cura, ou ao menos ao tratamento, do não imputável que praticou um fato típico e ilícito.

Ao contrário da pena, que apresenta finalidades preventivas, retributivas e de ressocialização, a finalidade da medida de segurança é essencialmente preventiva, a fim de evitar que o agente volte a delinquir com base na periculosidade social do agente.

São **espécies** de medida de segurança:

» **Detentiva** – Internação em hospital de custódia e tratamento psiquiátrico ou, na falta, em outro estabelecimento adequado (Código Penal, art. 96, I).

» **Restritiva** – sujeição a tratamento ambulatorial (Código Penal, art. 96, II).

As medidas de segurança são aplicáveis nas seguintes hipóteses:

» **Inimputáveis** – O agente inimputável é isento de pena quando ficar demonstrado que era, ao tempo da ação ou da omissão, inteiramente incapaz de entender o caráter ilícito do fato ou de determinar-se de acordo com esse entendimento (Código Penal, art. 26, *caput*). Nesse caso, caberá sentença absolutória imprópria, em que o juiz deixará de aplicar a pena e aplicará uma medida de segurança adequada (Código Penal, art. 97).

» **Semi-imputáveis** – Verificado que o agente não era inteiramente capaz de entender o caráter ilícito do fato ou de determinar-se de acordo com esse entendimento, não há isenção de pena. O juiz, então, aplicará a pena e, sobre esta, deverá incidir uma causa de diminuição (Código Penal, art. 26, parágrafo único). Se o juiz, após aplicar a pena, verificar que o réu necessita de um tratamento curativo, determinará a substituição da pena privativa de liberdade por medida de segurança adequada (internação ou tratamento ambulatorial) pelo prazo mínimo de 1 a 3 anos (Código Penal, art. 98).

» **Superveniência de doença mental** – Se, durante a execução da pena, o condenado passar a sofrer de doença mental, o juiz poderá substituir a pena por medida de segurança (Lei de Execução Penal, art. 183), que persistirá até a recuperação da saúde mental, observando o limite do tempo de cumprimento da pena privativa de liberdade fixada na sentença.

As medidas de segurança podem ser aplicadas de acordo com os **prazos** a seguir elencados:

» **Prazo mínimo** – O juiz fixará o prazo mínimo de 1 a 3 anos (Código Penal, art. 97, § 1º). Ao final do prazo, o agente se submeterá à perícia médica para verificar se persiste a periculosidade; persistindo, continua a cumprir a medida de segurança imposta, devendo a perícia ser repetida de ano em ano, ou quando determinar o juiz (Código Penal, art. 97, § 2º).

» **Prazo máximo** – Segundo o Código Penal (art. 97, § 1º), a aplicação da medida de segurança será por tempo indeterminado, devendo perdurar enquanto não cessada a periculosidade. No entanto, a jurisprudência posiciona-se no sentido de que se deva estabelecer um limite para a duração da medida de segurança, já que a CF de 1988 veda sanção de caráter perpétuo (art. 5º, XLVII, "b"):

  » Supremo Tribunal Federal – Não pode ultrapassar 30 anos (mesmo limite para pena privativa de liberdade).

  » Superior Tribunal de Justiça – A duração da medida de segurança não deve ultrapassar o limite máximo da pena abstratamente cominada ao delito praticado.

Mãos à obra

9) (Ieses – 2018 – TJ-AM) Segundo o Código Penal Brasileiro, no que se refere as de medidas de segurança, é correto afirmar:

I. Internação em hospital de custódia e tratamento psiquiátrico são consideradas medidas de segurança.

II. A desinternação, ou a liberação, será sempre condicional devendo ser restabelecida a situação anterior se o agente, antes do decurso de 1 (um) ano, pratica fato indicativo de persistência de sua periculosidade.

III. Extinta a punibilidade, não se impõe medida de segurança nem subsiste a que tenha sido imposta.

IV. Se o agente for inimputável, o juiz determinará sua internação. Se, todavia, o fato previsto como crime for punível com detenção, deverá o juiz submetê-lo a tratamento ambulatorial.

A sequência correta é:
a. As assertivas I, II, III e IV estão corretas.
b. Apenas as assertivas II e III estão incorretas.
c. Apenas as assertivas II e IV estão corretas.
d. Apenas a assertiva IV está incorreta.

5.10 Efeitos da condenação

O **efeito principal** da condenação é a aplicação da sanção penal, conforme segue:
» **Pena** – Privativas de liberdade; restritivas de direitos e multa.

» **Medida de segurança** – Aplicada ao semi-imputável.

Podemos destacar, na legislação vigente, alguns exemplos de **efeitos secundários de natureza penal** relativos à condenação:

- » Reincidência no caso de crimes posteriores.
- » Revogação de benefícios (livramento condicional, *sursis*).
- » Alteração do prazo prescricional da pretensão executória no caso de reincidência, prevista no art. 110, *caput*, do Código Penal.
- » Impossibilidade de concessão de benefícios como a suspensão condicional do processo, prevista no art. 89 da Lei 9.099/1995.

Por sua vez, os **efeitos secundários de natureza extrapenal** da condenação não se relacionam apenas ao campo penal, alcançando consequências extrapenais. Os efeitos extrapenais estão elencados no art. 91 (efeitos genéricos) e no art. 92 (efeitos específicos), ambos do Código Penal.

Ao passo que a aplicação dos efeitos genéricos (art. 91) ocorre de forma automática com a sentença condenatória, a aplicação dos efeitos específicos (art. 92) não é automática.

- » **Efeitos secundários extrapenais genéricos**:
  - » Obrigação de reparar o dano.
  - » Confisco dos instrumentos do crime, do produto do crime ou qualquer bem ou valor que constitua proveito decorrente do crime.
- » **Efeitos secundários extrapenais específicos**:
  - » Perda de cargo, função pública ou mandado eletivo.
  - » Incapacidade para o exercício do pátrio poder, da tutela ou da curatela nos crimes dolosos, sujeitos à pena de reclusão, cometidos contra filho, tutelado ou curatelado.
  - » Inabilitação para dirigir veículo quando utilizado como meio para a prática de crime doloso.

Quanto à **legislação extravagante**, podemos citar alguns efeitos da condenação:
- » **Lei n. 9.455/1997 (tortura)** – Perda de cargo, função ou emprego público e interdição para seu exercício pelo dobro da pena aplicada (Brasil, 1997, art. 1º, § 5º).
- » **Lei n. 12.850/2013 (organização criminosa)** – Perda de cargo, função, emprego ou mandado eletivo (Brasil, 2013a, art. 2º, § 6º).
- » **Lei n. 7.716/1989 (preconceito racial)** – Perda de cargo ou função pública para o servidor público e suspensão do funcionamento do estabelecimento por prazo não superior a três meses (Brasil, 1989, art. 16).
- » **Lei n. 11.101/2005 (falência)** – Inabilitação para o exercício de atividade empresarial; impedimento para exercício de cargo ou função em conselho de administração, diretoria ou gerência de sociedade sujeita à lei falimentar; e impossibilidade de gerir empresa por mandato ou por gestão de negócio (Brasil, 2005, art. 181).

5.11 Reabilitação

Instituto disciplinado no art. 93 do Código Penal, busca assegurar ao condenado o sigilo dos registros sobre sua situação penal (processo e condenação) e extinguir os efeitos secundários extrapenais específicos da sentença penal condenatória, a fim de, dessa forma, restituir a situação anterior à condenação do indivíduo, contribuindo para sua reintegração ao convívio social (Brasil, 1940).

Ao extinguir os efeitos secundários extrapenais específicos, a reabilitação **não** proporcionará a reintegração na situação anterior na hipótese de perda de cargo, função pública ou mandato eletivo, nem quando for declarada a incapacidade para o exercício do poder familiar, da tutela ou da curatela em crimes dolosos, sujeitos à pena de reclusão, cometidos contra filho, tutelado ou curatelado (Brasil, 1940, art. 93, parágrafo único).

É importante destacar que a reabilitação não afasta a reincidência se o condenado vier a praticar novo delito no período previsto no art. 64, inciso I, do Código Penal, qual seja, cinco anos (Brasil, 1940).

O art. 94 do Código Penal (Brasil, 1940) elenca os seguintes **requisitos** para a reabilitação:

» Decurso de dois anos do dia em que for extinta, de qualquer modo, a pena ou terminar sua execução, computando-se o período de prova da suspensão e o do livramento condicional, se não sobrevier revogação.

» O condenado deve ter tido domicílio no país durante o período referido no tópico anterior (dois anos).

» Demonstração efetiva e constante de bom comportamento público e privado durante o período exigido por lei para requerer a reabilitação (dois anos).

» O condenado deve ter ressarcido o dano causado pelo crime ou demonstrado a absoluta impossibilidade de o fazer até o dia do pedido, ou deve ter exibido documento que comprove a renúncia da vítima ou a novação da dívida.

Quanto ao **procedimento**, o requerimento de reabilitação deverá ser endereçado ao juízo da condenação, cabendo apelação da decisão que negar ou conceder o pedido. No caso de ser negado o pedido, o interessado poderá requerer novamente, desde que o pedido seja instruído com novos elementos comprobatórios dos requisitos necessários (Código Penal, art. 94).

O art. 95 do Código Penal, por sua vez, trata da hipótese de **revogação** da reabilitação no caso de condenação do reabilitado, como reincidente, por decisão definitiva, à pena que não seja de multa (Brasil, 1940).

5.12 Ação penal

Antes da análise das causas de extinção da punibilidade, faz-se necessário adentrarmos no exame do instituto da ação penal e suas questões diretamente relacionadas.

Ação penal é o direito de exigir do Estado a aplicação do direito penal objetivo em face do indivíduo que pratica um fato delituoso, com fundamento no art. 5º, inciso XXXV, da CF de 1988: "a lei não excluirá da apreciação do Poder Judiciário lesão ou ameaça a direito", estando disciplinada no Código de Processo Penal e, ainda, nos arts. 100 a 106 do Código Penal (Brasil, 1988; Brasil, 1941b; Brasil, 1940).

5.12.1 Características

De acordo com a legislação vigente, a ação penal apresenta as seguintes características:

» **Direito público** – É um direito público porque a atividade jurisdicional incumbe ao Poder Público.
» **Direito subjetivo** – É um direito subjetivo porque tem um titular específico (Ministério Público, vítima, representante legal) que exigirá a prestação jurisdicional.
» **Direito autônomo** – É um direito autônomo porque independe da efetiva existência do direito material.
» **Direito abstrato** – É um direito abstrato porque independe do resultado do processo (procedente ou improcedente) para que se considere exercido.
» **Instrumental** – É instrumental porque está atrelada a um caso concreto.

5.12.2 Condições da ação

O exercício regular da ação exige o preenchimento de algumas condições, que são chamadas *condições da ação* e dividem-se em genéricas e específicas.

» **Condições genéricas da ação penal:**
  » Possibilidade jurídica do pedido – O pedido deve estar amparado no ordenamento jurídico e exige-se que haja subsunção do fato descrito na denúncia ou na queixa a um tipo penal.
  » Legitimidade *ad causam* – A legitimidade para agir pertence ao titular da ação penal. No caso de ação penal pública, poderá ser proposta pelo Ministério Público, e, na ação privada, a legitimidade cabe à vítima. A legitimidade passiva, por sua vez, exige, em regra, pessoa maior de 18 anos na data dos fatos.
  » Interesse de agir – Decorre da utilidade ou da necessidade da providência jurisdicional e adequação do meio utilizado para alcançar o fim desejado.
  » Justa causa – Diz respeito à presença do *fumus boni iuris*, ou seja, deve existir um lastro probatório mínimo.
» **Condições específicas (de procedibilidade) da ação penal** – Estão estabelecidas na lei, e sua ausência impede o exercício da ação penal. Se ausentes, diz-se que o autor é carecedor da ação, levando à extinção do processo. Exemplo: representação do ofendido e requisição do Ministro da Justiça.

5.12.3 Classificação da ação penal

No ordenamento jurídico brasileiro, a ação penal é classificada em: de iniciativa pública (condicionada/incondicionada) ou de iniciativa privada (exclusivamente privada, personalíssima e subsidiária da pública). O art. 100 do Código Penal estabelece que "a ação penal é pública, salvo quando a lei expressamente a declara privativa do ofendido" (Brasil, 1940).

Quadro 5.2 – Legitimidade da ação penal pública (denúncia)

Ação penal pública	Legitimidade
Incondicionada	Ministério Público (MP)
Condicionada à representação	MP mediante representação do ofendido ou representante legal
Condicionada à requisição	MP mediante requisição do Ministro da Justiça

Quadro 5.3 – Legitimidade da ação penal privada (queixa)

Ação penal privada	Legitimidade
Exclusiva ou propriamente dita	Ofendido ou seu representante legal
Personalíssima	Somente o ofendido
Subsidiária da pública	Ofendido ou seu representante legal

Vejamos, a seguir, cada uma das classificações da ação penal.

■ **Ação penal pública incondicionada**

A titularidade para propor a ação penal pública incondicionada pertence ao Ministério Público por força de previsão constitucional (art. 129, inciso I, da CF de 1988) e legal (art. 100, § 1º, do Código Penal, e art. 24 do Código de Processo Penal), dependendo somente da existência de prova de materialidade e indícios de autoria.

Os **princípios** que regem a ação penal pública são:
» **Oficialidade** – Ministério Público é órgão oficial.
» **Obrigatoriedade ou legalidade processual** – Presentes as condições da ação, o Ministério Público é obrigado a oferecer denúncia (exceto na transação penal nas infrações penais de menor potencial ofensivo – Lei n. 9.099/1995).
» **Indivisibilidade** – Por força desse princípio, para aqueles que o aceitam nessa espécie de ação, a ação penal pública deve ser proposta contra todos os envolvidos na infração penal. No entanto, o Ministério Público não está obrigado a ofertar denúncia quando não houver, quanto a um dos agentes, elementos probatórios mínimos.
» **Indisponibilidade** – o Ministério Público não pode desistir da ação penal instaurada (art. 42 do Código de Processo Penal), sendo vedado desistir de eventual recurso interposto (art. 576 do Código de Processo Penal). É aplicado de forma mitigada quando se tratar dos casos regulados pela Lei n. 9.099/1995, admitindo a suspensão condicional do processo.
» **Intranscendência** – A ação penal poderá ser proposta apenas contra os supostos responsáveis pela conduta criminosa.

■ **Ação penal pública condicionada**
Nesse tipo de ação, a titularidade continua sendo do Ministério Público, no entanto, este não poderá agir de ofício, dependendo de **condições específicas de procedibilidade** previstas no art. 100 do Código Penal e no art. 24 do Código de Processo Penal. Vejamos:

» **Representação do ofendido** – É uma manifestação de vontade da vítima ou de seu representante legal, solicitando providências para apuração de determinado crime (*delitio criminis* postulatória), devendo ser exercida no prazo de 6 meses (prazo decadencial) a contar do dia em que a vítima ou seu representante legal tomaram ciência de quem ó autor do delito (Código Penal, art. 103). A lei expressamente menciona, junto ao tipo penal, que "somente se procede mediante representação" (Brasil, 1940). Exemplo: ameaça (Código Penal, art. 147, parágrafo único). A representação pode ser dirigida ao juiz, ao Ministério Público ou à autoridade policial, de forma escrita ou verbal, neste último caso, deve ser reduzida a termo. A retratação é possível até o oferecimento da denúncia (Código Penal, art. 102).

» **Requisição do Ministro da Justiça** – Condição de procedibilidade exigida expressamente – "somente se procede mediante requisição do Ministro da Justiça" – em determinados ilícitos penais (Brasil, 1940). O Ministro da Justiça avaliará a conveniência política de se propor a ação penal, como ocorre no crime praticado por um estrangeiro contra brasileiro fora do território nacional (Código Penal, art. 7º, parágrafo 3º, alínea "b"), ou quando ocorre crime contra a honra do Presidente da República (Código Penal, art. 145, parágrafo único). Para a hipótese de requisição do Ministro da Justiça, não existe prazo decadencial, podendo esta ser oferecida a qualquer tempo.

■ **Ação penal privada**
Essa espécie de ação é de iniciativa do ofendido, ou de seu representante legal, em razão da natureza dos crimes, que atingem a intimidade da vítima ou outros interesses particulares.

Os **princípios** vetores da ação penal privada são:
» **Oportunidade** – Ao ofendido cabe escolher se vai ou não ingressar com a ação penal.
» **Disponibilidade da ação penal** – O querelante pode desistir do prosseguimento da ação por ele intentada (perdão, perempção, desistência de recurso).
» **Indivisibilidade** – Consagrado no art. 48 do Código de Processo Penal, impõe que a queixa contra qualquer um dos autores do crime obrigará ao processamento de todos e que o Ministério Público velará pela indivisibilidade.

As **espécies** de ação privada são:
» **Ação privada exclusiva** – A iniciativa cabe ao ofendido ou a seu representante legal, mas, em caso de morte ou ausência, poderá ser intentada, no prazo decadencial de 6 meses, pelo cônjuge, ascendente, descendente ou irmão (Código de Processo Penal, art. 31).
» **Ação privada personalíssima** – Pode ser intentada somente pela vítima. Se for menor de idade, ao completar 18 anos, quando terá legitimidade ativa, e, no caso de incapaz, a ação somente poderá ser proposta com a volta da capacidade mental. Em ambos os casos, a decadência de 6 meses começa a fluir somente após cessar a menoridade e a incapacidade. Atualmente, só há no Código Penal um crime de ação privada personalíssima: o de induzimento a erro essencial ou ocultação de impedimento para casamento (art. 236, parágrafo único).
» **Ação privada subsidiária da pública** – Prevista no art. 5º, inciso LIX, da CF de 1988: "será admitida ação privada nos crimes de ação pública, se esta não for intentada no prazo legal" (Brasil, 1988). Assim, será possível quando o órgão ministerial não intentar a ação no prazo legal, podendo o ofendido propor queixa subsidiária.

O Ministério Público, após a propositura da ação privada subsidiária da pública pelo ofendido, poderá atuar no feito para repudiar a queixa e oferecer denúncia substitutiva; aditar a queixa; interpor recursos; fornecer de prova; ou ainda, retomar a titularidade da ação em caso de negligência do querelante (Código de Processo Penal, art. 29).

Mãos à obra

10) (Vunesp – 2018 – PC-BA) Acácio, no dia 19 de fevereiro de 2018 (segunda-feira), foi vítima do crime de difamação. O ofensor foi seu vizinho Firmino. Trata-se de crime de ação privada, cujo prazo decadencial (penal) para o oferecimento da petição inicial é de 6 meses a contar do conhecimento da autoria do crime. Sobre a contagem do prazo, qual seria o último dia para o oferecimento da queixa-crime?
   a. 17 de agosto de 2018 (sexta-feira).
   b. 18 de agosto de 2018 (sábado).
   c. 19 de agosto de 2018 (domingo).
   d. 20 de agosto de 2018 (segunda-feira).
   e. 21 de agosto de 2018 (terça-feira).

5.13 Extinção da punibilidade

A punibilidade não faz parte do conceito analítico de crime (*crime* é fato, típico, ilícito e culpável). Como uma consequência da infração penal, a punibilidade possibilita ao Estado impor uma sanção penal ao infrator. Portanto, incidindo uma causa de extinção da punibilidade, desaparece o poder punitivo do Estado.

O art. 107 do Código Penal elenca de forma exemplificativa um rol de causas de extinção da punibilidade, sendo algumas dessas causas encontradas na legislação especial.

> *Art. 107. Extingue-se a punibilidade:*
>
> *I – pela morte do agente;*
>
> *II – pela anistia, graça ou indulto;*
>
> *III – pela retroatividade de lei que não mais considera o fato como criminoso;*
>
> *IV – pela prescrição, decadência ou perempção;*
>
> *V – pela renúncia do direito de queixa ou pelo perdão aceito, nos crimes de ação privada;*
>
> *VI – pela retratação do agente, nos casos em que a lei a admite;*
>
> *IX – pelo perdão judicial, nos casos previstos em lei.* (Brasil, 1940)

Vejamos, a seguir, cada uma das hipóteses previstas nos incisos do art. 107 do Código Penal (Brasil, 1940).

» **Morte do agente** – Pelo princípio da pessoalidade da pena, a sanção penal se resolve com a morte do agente, conforme prevê o art. 5º, inciso XLV, da CF de 1988: "nenhuma pena passará da pessoa do condenado, podendo a obrigação de reparar o dano e a decretação do perdimento de bens ser, nos termos da lei, estendidas aos sucessores e contra eles executadas, até o limite do valor do patrimônio transferido" (Brasil, 1988). A morte do agente se prova com a certidão de óbito (Código de Processo Penal, art. 62).

» **Anistia** – Por meio de lei ordinária, de competência do Congresso Nacional, um fato criminoso é excluído da incidência do direito penal. A anistia atinge fatos, e não pessoas.

São **espécies** de anistia: (a) própria, concedida antes do trânsito em julgado; (b) imprópria, concedida depois do trânsito em julgado; (c) especial, concedida a crimes políticos; (d) comum, concedida a crimes comuns; (e) geral ou plena, aplicável a todos os agentes envolvidos; (f) condicionada, impõe alguma condição para concessão.

Os **efeitos** da anistia podem ser: (a) *ex tunc*, ou seja, retroativos; e (b) afasta os efeitos penais, não afasta os efeitos civis (reparar o dano).

A anistia é **inaplicável** (art. 5º, inciso XLIII, da CF de 1988, e art. 2º, inciso I, da Lei n. 8.072/1990) quando se tratar de crimes hediondos; tortura; tráfico ilícito de entorpecentes e drogas afins; e terrorismo.

» **Graça e indulto** – São institutos de clemência do Estado que dizem respeito a pessoas, e não a fatos (como na anistia). Cabe ao Presidente da República conceder indulto por meio de decreto, sendo admitida a delegação de tal tarefa aos Ministros de Estado, ao Procurador-Geral da República ou ao Advogado-Geral da União (art. 84, inciso XII e parágrafo único, da CF de 1988). O indulto é um benefício coletivo, sem destinatário certo, ao passo que a graça é um benefício concedido individualmente (indulto individual), com destinatário certo.

As **formas** de indulto e graça podem ser: (a) total, abrangendo todas as sanções impostas; ou (b) parcial, quando há redução ou substituição (comutação) da sanção penal.

Os **efeitos** da concessão de indulto ou graça são a extinção da pena (execução da pena), mas não extinguem os efeitos secundários (penais e extrapenais).

A graça e o indulto são **inaplicáveis** (art. 5º, inciso XLIII, da CF de 1988, e art. 2º, inciso I, da Lei n. 8.072/1990) quando se tratar de crimes hediondos; tortura; tráfico ilícito de entorpecentes e drogas afins; terrorismo.

» *Abolitio criminis* – A lei nova (mais benéfica) deixa de considerar o fato como crime; nesse caso, ocorre a extinção da punibilidade, mesmo após o trânsito em julgado da sentença, cessando a execução da pena e os efeitos penais da sentença penal condenatória. Os **efeitos** extrapenais, por sua vez, subsistem, como a reparação do dano (efeito secundário extrapenal).

» **Prescrição, decadência e perempção** – A prescrição será analisada no Capítulo 6, ao qual remetemos a consulta. A decadência é a perda do direito de queixa ou de representação em razão da inércia de seu titular durante o prazo legal (6 meses). A perempção consiste em uma sanção processual ao querelante omisso, conforme o art. 60 do Código de Processo Penal, a seguir transcrito:

Art. 60. Nos casos em que somente se procede mediante queixa, considerar-se-á perempta a ação penal:

I – quando, iniciada esta, o querelante deixar de promover o andamento do processo durante 30 dias seguidos;

II – quando, falecendo o querelante, ou sobrevindo sua incapacidade, não comparecer em juízo, para prosseguir no processo, dentro do prazo de 60 (sessenta) dias, qualquer das pessoas a quem couber fazê-lo, ressalvado o disposto no art. 36;

III – quando o querelante deixar de comparecer, sem motivo justificado, a qualquer ato do processo a que deva estar presente, ou deixar de formular o pedido de condenação nas alegações finais;

IV – quando, sendo o querelante pessoa jurídica, esta se extinguir sem deixar sucessor. (Brasil, 1941b)

» **Renúncia** – A renúncia, que pode ser expressa ou tácita e ocorre quando o ofendido desiste de propor a ação penal privada (art. 104 do Código Penal), ou seja, antes da propositura da queixa. No caso de concurso de pessoas, a renúncia relativa a um dos autores se estenderá aos demais (art. 49 do Código de Processo Penal).

» **Perdão aceito ou perdão do ofendido** – Após o oferecimento da queixa, o ofendido poderá desistir de prosseguir com a ação penal (Código Penal, art. 105). O perdão poderá ocorrer dentro ou fora do processo, de forma tácita ou expressa (Código Penal, art. 106). O perdão é ato bilateral e, para extinguir a punibilidade, depende de aceitação do querelado. O querelado será intimado a dizer, em três dias, se aceita o perdão, devendo, ao mesmo tempo, ser cientificado que seu silêncio importará em anuência. Concedido o perdão a um dos querelados, este se estenderá a todos os outros (Código Penal, art. 106, inciso I), e, havendo mais de um ofendido, o perdão concedido por um não prejudicará o direito dos demais.

» **Retratação** – É retirar o que foi dito, é desdizer-se. Será causa de extinção da punibilidade quando a lei assim prever. Exemplo: calúnia ou difamação (Código Penal, art. 143).

» **Perdão judicial** – Ocorre quando o juiz deixa de aplicar a pena quando presentes certas circunstâncias. Exemplo: "Na hipótese de homicídio culposo, o juiz poderá deixar de aplicar a pena, se as consequências da infração atingirem o próprio agente de forma tão grave que a sanção penal se torne desnecessária" (Código Penal, art. 121, § 5º, – Brasil, 1940).

Mãos à obra

11) (FGV – 2018 – TJ-AL) O indulto, a graça e a anistia são trazidos pelo Código Penal, em seu artigo 107, inciso II, como causas de extinção da punibilidade. Apesar disso, são institutos que não se confundem. Sobre tais causas de extinção da punibilidade, é correto afirmar que:
   a. a anistia, o indulto e a graça geram a extinção dos efeitos penais primários e secundários da condenação, permanecendo íntegros, apenas, os seus efeitos civis;
   b. o indulto gera a extinção dos efeitos penais primários, mas não os secundários, permanecendo íntegros, também, os efeitos civis da condenação;
   c. a anistia gera a extinção dos efeitos penais primários, mas não os secundários, permanecendo íntegros, também, os efeitos civis da condenação;
   d. o indulto é concedido através de Decreto do Presidente da República, enquanto a anistia e a graça são previstos em lei federal.

5.13.1 Prescrição

Prescrição é a perda do direito do Estado de punir ou executar uma pena já imposta, por decurso de tempo, em razão de sua inércia diante dos prazos legais.

A prescrição é uma das causas de extinção da punibilidade, mas, como se trata de um ponto importante, vamos analisar esse instituto em uma seção apartada, de modo a abordar mais detalhadamente o assunto, buscando destacar seus principais aspectos.

■ Natureza jurídica
Causa de extinção da punibilidade (Código Penal, art. 107), a prescrição é instituto de direito penal, pois produz efeitos penais na esfera dos direitos do réu, influencia diretamente no direito do Estado de punir ou não. Assim, aplicam-se os princípios e as regras relativas ao direito penal, como a retroatividade da lei mais benéfica e a contagem do prazo, que, de acordo com o art. 10 do Código Penal, inclui o dia do começo no cômputo do prazo (Brasil, 1940).

■ Fundamentos
A prescrição se justifica por diversos fundamentos políticos-criminais que consideram o decurso do tempo causa do desinteresse social de punir. Citemos alguns: a prova, com o passar do tempo, poderá ficar comprometida; com o tempo, o autor poderá ter se adaptado à convivência social, não se justificando mais a sua punição; o tempo traz o esquecimento do fato, não se justificando mais a aplicação da pena como meio de reação do direito penal; o Estado deve ser responsável por sua inércia etc.

■ Crimes imprescritíveis
Regra geral, a prescrição ocorre na maioria dos crimes. No entanto, por força de norma constitucional, dois crimes são considerados imprescritíveis:
» CF de 1988, art. 5º, inciso XLII – "a **prática do racismo** constitui crime inafiançável e imprescritível, sujeito à pena de reclusão, nos termos da lei" (Brasil, 1988, grifo nosso).
» CF de 1988, art. 5º, inciso XLIV – "constitui crime inafiançável e imprescritível a **ação de grupos armados, civis ou militares, contra a ordem constitucional e o Estado Democrático**" (Brasil, 1988, grifo nosso).

Com relação à **tortura**, a doutrina diverge quanto à sua imprescritibilidade. O Brasil aderiu ao Tribunal Penal Internacional, e o Estatuto de Roma, incorporado ao direito brasileiro por meio do Decreto n. 4.388, de 25 de setembro de 2002 (Brasil, 2002a), prevê que os crimes de competência do TPI (entre eles a tortura) são imprescritíveis (Cunha, 2016).

No entanto, a maioria entende que o Estatuto de Roma foi recebido pelo ordenamento jurídico brasileiro como norma supralegal, e somente norma constitucional tem força para considerar algum crime imprescritível (Cunha, 2016).

■ Espécies
Existem duas espécies de prescrição:
1. Prescrição da pretensão punitiva, que se subdivide em: prescrição da pretensão punitiva propriamente dita; prescrição superveniente ou intercorrente; e prescrição retroativa.
2. Prescrição da pretensão executória.

Prescrição da pretensão punitiva

A prescrição da pretensão punitiva (PPP) ocorre antes do trânsito em julgado da sentença condenatória (Código Penal, art. 109), impedindo o processamento da ação penal ou evitando que produza efeitos se já julgada, sem trânsito em julgado. No caso de ocorrer a prescrição da pretensão punitiva, o Estado perderá seu direito de punir, ocorrendo a extinção da punibilidade (sem julgamento do mérito), não havendo condenação em custas para o acusado e podendo ser-lhe restituído o valor da fiança, eventualmente prestada.

Como dito, três são as espécies de PPP que decorrem da aplicação do Código Penal: (1) prescrição propriamente dita; (2) prescrição superveniente/intercorrente; e (3) prescrição retroativa.

1. Prescrição propriamente dita ou prescrição em abstrato (PPPA)

O decurso do tempo será ponderando com base na pena em abstrato, pois não se tem a pena definitiva. Assim, serão aplicados os prazos previstos no art. 109 do Código Penal, considerando a pena máxima cominada ao delito no tipo penal.

Tabela 5.1 PPPA – Prazo prescricional

Prazo prescricional	Pena
20 anos	(+) de 12 anos
16 anos	(+) de 8 anos a 12 anos
12 anos	(+) de 4 anos a 8 anos
8 anos	(+) de 2 anos a 4 anos
4 anos	(=) 1 ano a 2 anos
3 anos	(–) de 1 ano

Fonte: Elaborado com base em Brasil, 1940, art. 109.

Para se alcançar a pena máxima abstrata, no **cálculo do prazo prescricional** da PPPA deverão ser avaliadas as circunstâncias que se relacionem com a aplicação da pena. Vejamos:

» **Qualificadoras** – Por representar uma pena autônoma do tipo básico, deverão ser consideradas para obtenção da pena máxima abstrata. Exemplo: homicídio qualificado – pena máxima 30 anos (Código Penal, art. 121, parágrafo 2º).

» **Circunstâncias judiciais** – Por não apresentar *quantum* previsto em lei, nem alterar as penas mínimas e máximas definidas no tipo penal, as circunstâncias judiciais não serão computadas para fins de prescrição, considerando-se a pena máxima prevista no tipo penal.

» **Agravantes e atenuantes** – Pelo mesmo motivo de as circunstâncias judiciais não serem consideradas, aqui também não se relevam as agravantes e as atenuantes para fins de prescrição. No entanto, por expressa previsão legal, as atenuantes de menoridade e de senilidade reduzem o prazo prescricional pela metade: "São reduzidos de metade os prazos de prescrição quando o criminoso era, ao tempo do crime, menor de 21 (vinte e um) anos, ou, na data da sentença, maior de 70 (setenta) anos" (Código Penal, art. 115 – Brasil, 1940).

» **Reincidência** – Não influi no prazo da prescrição da pretensão punitiva, conforme determina a Súmula n. 220 do Superior Tribunal de Justiça (Brasil, 1999).

» **Causas de aumento ou de diminuição da pena** – As majorantes e as minorantes têm aumento ou diminuição definidos na lei (exemplo: 1/3 a 2/3) e podem elevar ou diminuir a pena, indo além ou aquém da prevista no tipo penal, portanto, deverão ser consideradas para fins de prescrição.

» **Concurso de crimes** – Por expressa previsão legal (art. 119 do Código Penal), a extinção da punibilidade incidirá sobre a pena de cada um, isoladamente: "No caso de concurso de crimes, a extinção da punibilidade incidirá sobre a pena de cada um, isoladamente" (Brasil, 1940). No mesmo sentido a Súmula n. 497 do Supremo Tribunal Federal estabelece: "Quando se tratar de crime continuado, a prescrição regula-se pela pena imposta na sentença, não se computando o acréscimo decorrente da continuação" (Brasil, 1969).

O **termo inicial** da PPPA está previsto no art. 111 do Código Penal:

> Art. 111. A prescrição, **antes de transitar em julgado a sentença final**, começa a correr:
>
> I – do dia em que o crime se consumou;
>
> II – no caso de tentativa, do dia em que cessou a atividade criminosa;
>
> III – nos crimes permanentes, do dia em que cessou a permanência;
>
> IV – nos de bigamia e nos de falsificação ou alteração de assentamento do registro civil, da data em que o fato se tornou conhecido;
>
> V – nos crimes contra a dignidade sexual de crianças e adolescentes, previstos neste Código ou em legislação especial, da data em que a vítima completar 18 (dezoito) anos, salvo se a esse tempo já houver sido proposta a ação penal. (Brasil, 1940, grifo nosso)

Portanto, do dispositivo legal depreendem-se os seguintes termos iniciais da PPPA:

- » **Crime consumado** – Início da contagem do prazo prescricional na data da consumação.
- » **Crime tentado** – Início da contagem do prazo prescricional na data do último ato executório.
- » **Crime permanente** – Início da contagem do prazo prescricional na data que cessou a permanência.
- » **Crime de bigamia, falsificação ou alteração de assentamento de registro civil** – Início da contagem do prazo prescricional na data em que o fato se tornou conhecido.
- » **Crimes contra a dignidade sexual de crianças e adolescentes** – Início da contagem do prazo prescricional na data em que a vítima completar 18 anos, salvo se já foi proposta a ação penal.
- » **Crimes habituais** – Início da contagem do prazo prescricional na data em que cessar a atividade criminosa, ou seja, na data do último ato delituoso.

As **causas suspensivas** da PPPA implicam a suspensão do curso do prazo prescricional; cessada a causa suspensiva, retoma-se o curso do prazo, computando-se o período anterior. O art. 116 do Código Penal elencou duas hipóteses de suspensão:

Art. 116. Antes de passar em julgado a sentença final, a prescrição não corre:

I – enquanto não resolvida, em outro processo, questão de que dependa o reconhecimento da existência do crime – diz respeito às questões prejudiciais, previstas nos artigos 92 a 94 do CPP. Exemplo: Crime de bigamia, o prazo prescricional será suspenso enquanto se questiona na esfera cível a validade do primeiro casamento.

II – enquanto o agente cumpre pena no estrangeiro.
(Brasil, 1940)

Além das hipóteses elencadas no art. 116, há outras causas de suspensão no ordenamento jurídico, como, por exemplo, a citação por edital (Código de Processo Penal, art. 366), a suspensão condicional do processo (Lei n. 9.099/1995, art. 89, parágrafo 6º) a carta rogatória, quando o acusado se encontra no estrangeiro (Código de Processo Penal, art. 386); a sustação do processo contra parlamentares enquanto durar o mandado (CF de 1988, art. 53, parágrafo 5º).

As hipóteses de **causas interruptivas** da PPPA estão elencadas no art. 117, incisos I a IV, do Código Penal. Vejamos:

Art. 117. O curso da prescrição interrompe-se:

I – pelo recebimento da denúncia ou da queixa;

II – pela pronúncia;

III – pela decisão confirmatória da pronúncia;

IV – pela publicação da sentença ou acórdão condenatórios recorríveis. (Brasil, 1940)

Com a interrupção da prescrição, o prazo recomeça a correr integralmente do dia da interrupção. A interrupção da prescrição produz efeitos relativamente a todos os autores do crime e estende-se aos crimes conexos que se refiram ao mesmo processo, o que não ocorre nas causas interruptivas da pretensão executória (Código Penal, art. 117, parágrafo 1º).

2. **Prescrição da pretensão punitiva superveniente ou intercorrente (PPPS ou PPPI)**

Após fixada uma pena na sentença condenatória e ocorrendo o trânsito em julgado para a acusação ou depois de improvido seu recurso, o parâmetro a ser utilizado para o cálculo da prescrição superveniente será a pena concreta, não mais a pena abstrata.

Essa espécie de prescrição está expressamente prevista no art. 110, parágrafo 1º, primeira parte, do Código Penal: "A prescrição depois de transitar em julgado a sentença condenatória regula-se pela pena aplicada" (Brasil, 1940).

Os **prazos prescricionais** são os mesmos do art. 109 do Código Penal.

O **termo inicial** da PPPI será a publicação da sentença ou do acórdão penal condenatórios (com trânsito em julgado para a acusação), e o **termo final** será o trânsito em julgado da sentença para ambas as partes.

3. Prescrição da pretensão punitiva retroativa (PPPR)

Prevista no art. 110, parágrafo 1º, do Código Penal, como o próprio nome indica, a prescrição retroativa decorre da fluência do prazo prescricional contado para trás, a partir da publicação da sentença condenatória recorrível até o recebimento da denúncia ou da queixa, com base na pena aplicada.

No caso de PPPR, o Código Penal veda que o **termo inicial** seja data anterior à denúncia ou à queixa, portanto, só pode ocorrer entre a publicação da sentença condenatória recorrível e a data do recebimento da denúncia ou da queixa.

Prescrição da pretensão executória

A prescrição da pretensão executória (PPE) ocorre após o trânsito em julgado da sentença condenatória para acusação e defesa e regula-se pela pena aplicada (prescrição de pena *in concreto*), observando os prazos do art. 119 do Código Penal, conforme prevê o *caput* do art. 110 do mesmo diploma: "A prescrição **depois** de transitar em julgado a sentença condenatória regula-se pela pena aplicada e verifica-se nos prazos fixados no artigo anterior, os quais se aumentam de um terço, se o condenado é reincidente" (Brasil, 1940, grifo nosso).

Com o trânsito em julgado para ambas as partes, inicia-se o direito de o Estado executar a pena aplicada, começando a correr o prazo prescricional para que o Estado execute a pena.

A PPE atinge o **efeito principal** da sentença condenatória, que é a sanção penal. Por sua vez, os **efeitos secundários** (penal e extrapenal) não desaparecem.

O **termo inicial** da PPE decorre da análise do art. 112 e 113 do Código Penal, dos quais se depreende que a prescrição se inicia:

» Art. 112, inciso I, primeira parte, do Código Penal: "do dia em que transita em julgado a sentença condenatória, para a acusação [...]" (Brasil, 1940) – Essa previsão gerou muita discussão, pois permite que o curso do prazo de prescrição da pena tenha início antes que seja possível ao Estado determinar seu cumprimento. De forma concisa, muitos julgados reconhecem que o termo inicial ocorre conforme determina expressamente a lei (com o trânsito em julgado para a acusação). Outros por sua vez, entendem que o art. 112, inciso I, do Código Penal não foi recepcionado pela CF de 1988, pois, em razão do princípio da presunção de inocência, a prescrição só ocorrerá após o trânsito em julgado para ambas as partes e, consequentemente, o início da contagem só pode ocorrer quando a pretensão executória pode ser exercida (Cunha, 2016).

» Art. 112, inciso I, segunda parte, do Código Penal: "do dia [...] que revogação a suspensão condicional da pena ou o livramento condicional" (Brasil, 1940) – É necessário que o agente esteja no gozo do benefício e que este seja revogado. Quando for revogação do *sursis*, considerando que o condenado deverá cumprir integralmente a pena aplicada na sentença, essa pena é que será considerada para o cálculo da prescrição. Por sua vez, na revogação do livramento condicional por superveniência de condenação por crime anterior, o tempo do livramento será descontado da pena a cumprir, e o cálculo de eventual prescrição deverá ser realizado com base na pena restante (art. 113 do Código Penal).

» Art. 112, inciso II, do Código Penal: "do dia em que se interrompe a execução, salvo quando o tempo da interrupção deva computar-se na pena" (Brasil, 1988) – Essa previsão aplica-se ao caso em que o condenado foge, passando a correr a prescrição, considerando o tempo que resta da pena a ser cumprida. Exemplo: condenado a 8 anos de reclusão, quando foge já havia cumprido 7 anos e 6 meses da pena imposta, a prescrição ocorre relativamente aos 6 meses restantes (art. 113 do Código Penal).

O art. 117, incisos V e VI, elenca como hipóteses de **causas de interrupção** da PPE o início ou continuação do cumprimento da pena e a reincidência:

» Início ou continuação do cumprimento da pena (Código Penal, art. 117, inciso V) – Com o início do cumprimento da pena, interrompe-se o prazo da prescrição, no entanto, a prescrição interrompida não correrá durante o período em que o condenado está cumprindo a pena (Código Penal, art. 117, parágrafo 2º).

» Reincidência (Código Penal, art. 117, inciso VI) – A interrupção ocorre na data da prática do novo crime, mas, para ser considerada, depende do trânsito em julgado da sentença condenatória.

O art. 116, parágrafo único, do Código Penal, determina, como **causa suspensiva** da PPE, o tempo em que o condenado está preso por outro motivo.

A jurisprudência menciona, ainda, o *sursis* como causa suspensiva da PPE enquanto o condenado cumpre o período de prova, sob o fundamento de que tal entendimento decorre da lógica do sistema vigente (Brasil, 2007b).

5.13.2 Redução dos prazos prescricionais

O art. 115 do Código Penal prevê duas hipóteses em que os prazos prescricionais devem ser reduzidos pela metade:
- » se o criminoso era, ao tempo do crime, menor de 21 anos; e
- » se o criminoso era, na data da sentença, maior de 70 anos.

Essas hipóteses de redução dos prazos prescricionais aplicam-se a todas as espécies de prescrição.

5.13.3 Prescrição da pena de multa

O art. 114 do Código Penal regula a matéria: "A prescrição da pena de multa ocorrerá: I – em 2 (dois) anos, quando a multa for a única cominada ou aplicada; II – no mesmo prazo estabelecido para prescrição da pena privativa de liberdade, quando a multa for alternativa ou cumulativamente cominada ou cumulativamente aplicada" (Brasil, 1940).

Do referido dispositivo é possível extrair as regras gerais referente ao prazo prescricional das multas:
- » quando a multa for a única pena cominada ou aplicada, a prescrição ocorre em 2 anos;
- » quando a multa for alternativa ou cumulativamente cominada ou cumulativamente aplicada, a prescrição ocorre no mesmo prazo para prescrição da pena privativa de liberdade.

Mãos à obra

12) (FCC – 2018 – DPE-AM) Sobre a prescrição, é correto afirmar que:
   a. em caso de revogação do livramento condicional, a prescrição é regulada pelo resto de pena a cumprir.
   b. o prazo mínimo de prescrição na legislação penal brasileira é de 3 anos.
   c. a decisão confirmatória de pronúncia nos crimes submetidos ao Tribunal do Júri é causa suspensiva da prescrição.
   d. em caso de concurso material de crimes, o cálculo prescricional incide sobre a soma das penas.
   e. o crime de tráfico de drogas por ser equiparado a hediondo é imprescritível.

Para saber mais

CAVALCANTE, M. A. L. Qual é o termo inicial da pretensão executória? A interpretação do art. 112, I, do CP deve ser literal? **Dizer o Direito**, 27 fev. 2018. Disponível em: <https://www.dizerodireito.com.br/2018/02/qual-e-o-termo-inicial-da-pretensao.html>. Acesso em: 5 nov. 2019.

Vale a pena a leitura do artigo de autoria do professor Márcio André, veiculado no *site* Dizer o Direito, no qual o autor discorre de forma didática sobre a prescrição executória.

Síntese

Neste capítulo, abordamos, inicialmente, os princípios que regem a aplicação da penas, bem como suas finalidades retributiva e preventiva e as teorias aplicáveis. Na sequência, tratamos das espécies de penas privativas de liberdade e restritivas de direito, além da pena de multa.

Com relação ao procedimento de aplicação da pena, apresentamos as fases que envolvem a dosimetria da pena. No que se refere aos benefícios da suspensão condicional da pena e do livramento condicional, destacamos os respectivos conceitos, requisitos e hipóteses de aplicação destes.

Quanto ao concurso de crimes, também examinamos as definições pertinentes e os sistemas adotados pelo Código Penal na aplicação da pena. Não menos importante foi a abordagem que diz respeito à classificação da ação penal, às condições da ação e às suas características. Por fim, quanto à extinção da punibilidade, destinamos especial atenção ao tema prescrição.

Questões para revisão

1) As teorias da pena buscam identificar qual a finalidade da pena, entre elas o Código Penal adotou a teoria:
   a. mista ou eclética.
   b. absoluta.
   c. retributiva.
   d. relativa.

2) O RDD (regime disciplinar diferenciado), previsto no art. 52 da Lei de Execução Penal, poderá ter duração máxima de:
   a. 180 dias.
   b. 360 dias.
   c. 90 dias.
   d. 30 dias.
3) A Constituição Federal de 1988 prevê que são imprescritíveis os crimes:
   a. hediondos.
   b. de homicídio.
   c. de racismo.
   d. de tortura.
4) O que é detração penal?
5) Em que consiste o instituto da remição de pena?

Questão para reflexão

1) É possível conceder remição ao condenado pelo período em que ele participou de um coral de música? A leitura de livros é suficiente para que se conceda remição de pena?

Nesta seção, destacamos alguns dispositivos relevantes da parte especial do Código Penal e da legislação esparsa. Dessa forma, você pode ter uma visão geral, por exemplo, de crimes envolvendo a Administração Pública, o porte e a posse de arma de fogo e os crimes hediondos.

1. **Código Penal – Parte Especial**
» **Homicídio – Causa especial de aumento de pena**

Art. 121. [...]

[...]

§ 6º A pena é aumentada de 1/3 (um terço) até a metade se o crime for praticado por milícia privada, sob o pretexto de prestação de serviço de segurança, ou por grupo de extermínio. (Brasil, 1940)

» **Constituição de milícia privada**

Art. 288-A. Constituir, organizar, integrar, manter ou custear organização paramilitar, milícia particular, grupo ou esquadrão com a finalidade de praticar qualquer dos crimes previstos neste Código:
Pena – reclusão, de 4 (quatro) a 8 (oito) anos. (Brasil, 1940)

» Concussão

Art. 316. Exigir, para si ou para outrem, direta ou indiretamente, ainda que fora da função ou antes de assumi-la, mas em razão dela, vantagem indevida: Pena – reclusão, de dois a oito anos, e multa. (Brasil, 1940)

» Corrupção passiva

Art. 317. Solicitar ou receber, para si ou para outrem, direta ou indiretamente, ainda que fora da função ou antes de assumi-la, mas em razão dela, vantagem indevida, ou aceitar promessa de tal vantagem: Pena – reclusão, de 2 (dois) a 12 (doze) anos, e multa.

§ 1º A pena é aumentada de um terço, se, em consequência da vantagem ou promessa, o funcionário retarda ou deixa de praticar qualquer ato de ofício ou o pratica infringindo dever funcional.

§ 2º Se o funcionário pratica, deixa de praticar ou retarda ato de ofício, com infração de dever funcional, cedendo a pedido ou influência de outrem: Pena – detenção, de três meses a um ano, ou multa. (Brasil, 1940)

» Prevaricação

Art. 319. Retardar ou deixar de praticar, indevidamente, ato de ofício, ou praticá-lo contra disposição expressa de lei, para satisfazer interesse ou sentimento pessoal:

Pena – detenção, de três meses a um ano, e mult a.

Art. 319-A. Deixar o Diretor de Penitenciária e/ou agente público, de cumprir seu dever de vedar ao preso o acesso a aparelho telefônico, de rádio ou similar, que permita a comunicação com outros presos ou com o ambiente externo:

Pena: detenção, de 3 (três) meses a 1 (um) ano. (Brasil, 1940)

» **Resistência**

Art. 329. Opor-se à execução de ato legal, mediante violência ou ameaça a funcionário competente para executá-lo ou a quem lhe esteja prestando auxílio:

Pena – detenção, de dois meses a dois anos.

§ 1º Se o ato, em razão da resistência, não se executa: Pena – reclusão, de um a três anos.

§ 2º As penas deste artigo são aplicáveis sem prejuízo das correspondentes à violência. (Brasil, 1940)

» **Desobediência**

Art. 330. Desobedecer a ordem legal de funcionário público. Pena – detenção, de quinze dias a seis meses, e multa. (Brasil, 1940)

» **Desacato**

Art. 331. Desacatar funcionário público no exercício da função ou em razão dela:

Pena – detenção, de seis meses a dois anos, ou multa. (Brasil, 1940)

» **Corrupção ativa**

Art. 333. Oferecer ou prometer vantagem indevida a funcionário público, para determiná-lo a praticar, omitir ou retardar ato de ofício:

Pena – reclusão, de 2 (dois) a 12 (doze) anos, e multa. (Brasil, 1940)

» **Corrupção passiva**

Art. 317. Solicitar ou receber, para si ou para outrem, direta ou indiretamente, ainda que fora da função ou antes *de assumi-la, mas em razão dela, vantagem indevida, ou aceitar promessa de tal vantagem:*

Pena – reclusão, de 2 (dois) a 12 (doze) anos, e multa. (Brasil, 1940)

2. Estatuto do Desarmamento (Lei n. 10.826/2003)
» Posse irregular de arma de fogo de uso permitido

Art. 12. Possuir ou manter sob sua guarda arma de fogo, acessório ou munição, de uso permitido, em desacordo com determinação legal ou regulamentar, no interior de sua residência ou dependência desta, ou, ainda no seu local de trabalho, desde que seja o titular ou o responsável legal do estabelecimento ou empresa:

Pena – detenção, de 1 (um) a 3 (três) anos, e multa. (Brasil, 2003a)

» Porte ilegal de arma de fogo de uso permitido

Art. 14. Portar, deter, adquirir, fornecer, receber, ter em depósito, transportar, ceder, ainda que gratuitamente, emprestar, remeter, empregar, manter sob guarda ou ocultar arma de fogo, acessório ou munição, de uso permitido, sem autorização e em desacordo com determinação legal ou regulamentar:

Pena – reclusão, de 2 (dois) a 4 (quatro) anos, e multa. (Brasil, 2003a)

» Posse ou porte ilegal de arma de fogo de uso restrito

Art. 16. Possuir, deter, portar, adquirir, fornecer, receber, ter em depósito, transportar, ceder, ainda que gratuitamente, emprestar, remeter, empregar, manter sob sua guarda ou ocultar arma de fogo, acessório ou munição de uso proibido ou restrito, sem autorização e em desacordo com determinação legal ou regulamentar:

Pena – reclusão, de 3 (três) a 6 (seis) anos, e multa.
(Brasil, 2003a)

3. **Homicídio e lesão corporal praticados contra integrantes dos órgãos de segurança pública (Lei n. 13.142/2015)**

A Lei n. 13.142, de 6 de julho de 2015, alterou o Código Penal e a Lei de Crimes Hediondos para tratar sobre o homicídio e a lesão corporal praticados contra integrantes dos órgãos de segurança pública (Brasil, 2015a).

O homicídio cometido contra integrantes dos órgãos de segurança pública (ou contra seus familiares) passou a ser considerado como homicídio qualificado se o delito tiver relação com a função exercida (Código Penal, art. 121, parágrafo 2º, inciso VII), bem como passou a fazer parte do rol de crimes hediondos da Lei n. 8.072/1990 (Brasil, 1990).

A pena da lesão corporal, por sua vez, quando praticada contra integrantes dos órgãos de segurança pública (ou seus familiares), desde que tenha relação com a função exercida, passa a ser causa de aumento de pena de 1/3 a 2/3 prevista art. 129, parágrafo 12, do Código Penal (Brasil, 1940).

A Lei n. 13.142/2015 também atribuiu natureza hedionda aos crimes de lesão corporal gravíssima e lesão corporal seguida de morte quando praticados contra autoridade ou agente descrito nos arts. 142 e 144 da Constituição Federal (Brasil, 1988), integrantes do sistema prisional e da Força Nacional de Segurança Pública, no exercício da função ou em decorrência dela, ou contra seu cônjuge, companheiro ou parente consanguíneo até terceiro grau, em razão dessa condição (Lei n. 8.072/1990, art. 1º, inciso I-A).

considerações finais

Nesta obra, buscamos descrever, de maneira prática e concisa, os principais institutos do direito penal, a fim de que o leitor pudesse não apenas compreender os conceitos mais relevantes pertinentes à matéria, mas também que pudesse adquirir competências para a resolução de questões sobre o tema, uma vez que o direito penal é a parte do ordenamento jurídico que define as infrações penais (crimes e contravenções) e comina as respectivas sanções (penas e medidas de segurança).

Tendo em vista que o direito penal exerce essa grande função de controle da sociedade, destacamos a importância do estudo detalhado das penas e dos tipos penais, e os exercícios propostos foram elaborados com vistas a demonstrar os reflexos sofridos pela sociedade em razão do tratamento jurídico dado aos fatos delituosos.

Dessa forma, os estudos realizados se prestaram a permitir que o leitor possa entender e interpretar de forma coerente os tipos penais, bem como que tenha um panorama acerca da atual legislação penal. A ênfase foi dada, inclusive, aos dispositivos legais e aos princípios de direito que determinam o procedimento de aplicação judicial da pena.

Para facilitar o estudo, o livro foi dividido em seis capítulos, subdivididos conforme a legislação e os entendimentos doutrinários e jurisprudenciais, visando propiciar ao leitor a exata compreensão do direito penal. Ressaltamos que a proteção fornecida pelo direito penal, por meio da cominação de sanções, se presta a viabilizar a vida em sociedade, bem como a resguardar o Estado Social Democrático de Direito, uma vez que a finalidade do direito penal é justamente a proteção dos bens mais essenciais e valiosos para a própria existência da sociedade.

Por tudo, a presente obra consolida-se como material de apoio e consulta para todos aqueles que pretendem se debruçar sobre os fundamentos e os conceitos principais do direito penal e que necessitam adquirir uma visão sistêmica dessa área jurídica.

AZEVEDO, M. A. de; SALIM, A. **Direito penal**: parte geral. 5. ed. Salvador: JusPodivm, 2015. (Coleção Sinopses para Concursos).

BANDEIRA DE MELLO, C. A. **Curso de direito administrativo**. 14. ed. São Paulo: Malheiros, 2002.

BRASIL. Constituição (1988). **Diário Oficial da União**, Brasília, DF, 5 out. 1988. Disponível em: <http://www.planalto.gov.br/ccivil_03/constituicao/constituicaocompilado.htm>. Acesso em: 2 out. 2019.

_____. Decreto n. 56.435, de 8 de junho de 1965. **Diário Oficial da União**, Poder Executivo, Brasília, DF, 11 jun. 1965. Disponível em: <http://www.planalto.gov.br/ccivil_03/decreto/Antigos/D56435.htm>. Acesso em: 2 out. 2019.

_____. Decreto n. 4.388, de 25 de setembro de 2002. **Diário Oficial da União**, Poder Executivo, Brasília, DF, 26 set. 2002a. Disponível em: <http://www.planalto.gov.br/ccivil_03/decreto/2002/D4388.htm>. Acesso em: 2 out. 2019.

_____. Decreto-Lei n. 2.848, de 7 de dezembro de 1940. **Diário Oficial da União**, Poder Executivo, Brasília, DF, 31 dez. 1940. Disponível em: <http://www.planalto.gov.br/ccivil_03/decreto-lei/Del2848compilado.htm>. Acesso em: 2 out. 2019.

_____. Decreto-Lei n. 3.688, de 3 de outubro de 1941. **Diário Oficial da União**, Poder Executivo, Brasília, DF, 3 out. 1941a. Disponível em: <https://www.planalto.gov.br/ccivil_03/decreto-lei/del3688.htm>. Acesso em: 2 out. 2019.

BRASIL. Decreto-Lei n. 3.689, de 3 de outubro de 1941. **Diário Oficial da União**, Poder Executivo, Brasília, DF, 13 out. 1941b. Disponível em: <http://www.planalto.gov.br/ccivil_03/decreto-lei/del3689compilado.htm>. Acesso em: 2 out. 2019.

_____. Decreto-Lei n. 3.914, de 9 de dezembro de 1941. **Diário Oficial da União**, Poder Executivo, Brasília, DF, 11 dez. 1941c. Disponível em: <http://www.planalto.gov.br/ccivil_03/decreto-lei/Del3914.htm>. Acesso em: 2 out. 2019.

_____. Decreto-Lei n. 4.657, de 4 de setembro de 1942. **Diário Oficial da União**, Poder Executivo, Brasília, DF, 9 set. 1942. Disponível em: <http://www.planalto.gov.br/ccivil_03/Decreto-Lei/Del4657compilado.htm>. Acesso em: 2 out. 2019.

_____. Lei n. 2.889, de 1º de outubro de 1956. **Diário Oficial da União**, Poder Legislativo, Brasília, DF, 2 out. 1956. Disponível em: <http://www.planalto.gov.br/ccivil_03/leis/L2889.htm>. Acesso em: 2 out. 2019.

_____. Lei n. 7.210, de 11 de julho de 1984. **Diário Oficial da União**, Poder Legislativo, Brasília, DF, 13 jul. 1984. Disponível em: <http://www.planalto.gov.br/ccivil_03/leis/l7210.htm>. Acesso em: 2 out. 2019.

_____. Lei n. 7.716, de 5 de janeiro de 1989. **Diário Oficial da União**, Poder Legislativo, Brasília, DF, 6 jan. 1989. Disponível em: <http://www.planalto.gov.br/ccivil_03/leis/l7716.htm>. Acesso em: 2 out. 2019.

_____. Lei n. 8.069, de 13 de julho de 1990. **Diário Oficial da União**, Poder Legislativo, Brasília, DF, 16 jul. 1990a. Disponível em: <http://www.planalto.gov.br/ccivil_03/leis/l8069.htm>. Acesso em: 2 out. 2019.

_____. Lei n. 8.072, de 25 de julho de 1990. **Diário Oficial da União**, Poder Legislativo, Brasília, DF, 26 jul. 1990b. Disponível em: <http://www.planalto.gov.br/ccivil_03/Leis/L8072.htm>. Acesso em: 2 out. 2019.

_____. Lei n. 8.627, de 19 de fevereiro de 1993. **Diário Oficial da União**, Poder Legislativo, Brasília, DF, 20 fev. 1993. Disponível em: <http://www.planalto.gov.br/ccivil_03/LEIS/L8627.htm>. Acesso em: 2 out. 2019.

_____. Lei n. 8.906, de 4 de julho de 1994. **Diário Oficial da União**, Poder Legislativo, Brasília, DF, 5 jul. 1994. Disponível em: <http://www.planalto.gov.br/ccivil_03/Leis/L8906.htm>. Acesso em: 2 out. 2019.

_____. Lei n. 9.099, de 26 de setembro de 1995. **Diário Oficial da União**, Poder Legislativo, Brasília, DF, 27 set. 1995. Disponível em: <http://www.planalto.gov.br/ccivil_03/LEIS/L9099.htm>. Acesso em: 2 out. 2019.

BRASIL. Lei n. 9.455, de 7 de abril de 1997. **Diário Oficial da União**, Poder Legislativo, Brasília, DF, 8 abr. 1997. Disponível em: <http://www.planalto.gov.br/ccivil_03/leis/l9455.htm>. Acesso em: 2 out. 2019.

_____. Lei n. 9.605, de 12 de fevereiro de 1998. **Diário Oficial da União**, Poder Legislativo, Brasília, DF, 13 fev. 1998. Disponível em: <http://www.planalto.gov.br/ccivil_03/Leis/l9605.htm>. Acesso em: 2 out. 2019.

_____. Lei n. 10.406, de 10 de janeiro de 2002. **Diário Oficial da União**, Poder Legislativo, Brasília, DF, 11 jan. 2002b. Disponível em: <http://www.planalto.gov.br/ccivil_03/LEIS/2002/L10406.htm>. Acesso em: 2 out. 2019.

_____. Lei n. 10.826, de 22 de dezembro de 2003. **Diário Oficial da União**, Poder Legislativo, Brasília, DF, 23 dez. 2003a. Disponível em: <http://www.planalto.gov.br/ccivil_03/Leis/2003/L10.826compilado.htm>. Acesso em: 2 out. 2019.

_____. Lei n. 11.101, de 9 de fevereiro de 2005. **Diário Oficial da União**, Poder Executivo, Brasília, DF, 9 fev. 2005. Disponível em: <http://www.planalto.gov.br/ccivil_03/_Ato2004-2006/2005/Lei/L11101.htm>. Acesso em: 2 out. 2019.

_____. Lei n. 11.343, de 23 de agosto de 2006. **Diário Oficial da União**, Poder Legislativo, Brasília, DF, 24 ago. 2006. Disponível em: <http://www.planalto.gov.br/ccivil_03/Leis/L8072.htm>. Acesso em: 2 out. 2019.

_____. Lei n. 11.464, de 28 de março de 2007. **Diário Oficial da União**, Poder Executivo, Brasília, DF, 29 mar. 2007a. Disponível em: <http://www.planalto.gov.br/ccivil_03/_ato2007-2010/2007/lei/l11464.htm>. Acesso em: 2 out. 2019.

_____. Lei n. 12.850, de 2 de agosto de 2013. **Diário Oficial da União**, Poder Legislativo, Brasília, DF, 5 ago. 2013a. Disponível em: <http://www.planalto.gov.br/ccivil_03/_Ato2011-2014/2013/Lei/L12850.htm>. Acesso em: 2 out. 2019.

_____. Lei n. 13.142, de 6 de julho de 2015. **Diário Oficial da União**, Poder Legislativo, Brasília, DF, 6 jul. 2015a. Disponível em: <http://www.planalto.gov.br/ccivil_03/_ato2015-2018/2015/lei/l13142.htm>. Acesso em: 2 out. 2019.

_____. Lei n. 13.497, de 26 de outubro de 2017. **Diário Oficial da União**, Poder Legislativo, Brasília, DF, 27 out. 2017. Disponível em: <http://www.planalto.gov.br/ccivil_03/_Ato2015-2018/2017/Lei/L13497.htm>. Acesso em: 2 out. 2019.

BRASIL. Conselho Nacional de Justiça. Recomendação n. 44, de 26 de novembro de 2013. Brasília, 2013b. Disponível em: <https://www.conjur.com.br/dl/portaria-44-cnj.pdf>. Acesso em: 2 out. 2019.

BRASIL. Superior Tribunal de Justiça. **Informativo n. 564**, Brasília, 15 a 30 jun. 2015b. Disponível em: <https://scon.stj.jus.br/SCON/SearchBRS?b=INFJ&tipo=informativo&livre=@COD=%270564%27>. Acesso em: 2 out. 2019.

_____. Recurso Especial n. 1.718.212/PR, de 19 de abril de 2018. Relator Ministro Jorge Mussi. **Diário da Justiça**, Brasília, 27 abr. 2018a. Disponível em: <https://ww2.stj.jus.br/processo/revista/documento/mediado/?componente=ITA&sequencial=1701530&num_registro=201800052068&data=20180427&formato=PDF>. Acesso em: 2 out. 2019.

_____. Recurso Ordinário em Mandado de Segurança n. 39.173/BA, de 6 de agosto de 2015. Relator Ministro Reynaldo Soares da Fonseca. **Diário da Justiça**, Brasília, 2015c. Disponível em: <https://ww2.stj.jus.br/processo/revista/documento/mediado/?componente=ITA&sequencial=1425899&num_registro=201202031379&data=20150813&formato=PDF>. Acesso em: 2 out. 2019.

_____. Súmula n. 220, de 12 de maio de 1999. **Diário da Justiça**, Brasília, 19 maio 1999. Disponível em: <https://ww2.stj.jus.br/docs_internet/revista/eletronica/stj-revista-sumulas-2011_16_capSumula220.pdf>. Acesso em: 2 out. 2019.

BRASIL. Supremo Tribunal Federal. Agravo Regimental no Habeas Corpus n. 142.381/RS, de 25 de maio a 1º de junho de 2018. Relator Ministro Gilmar Mendes. **Diário da Justiça**, Brasília, jun. 2018b. Disponível em: <http://redir.stf.jus.br/paginadorpub/paginador.jsp?docTP=TP&docID=15079559>. Acesso em: 2 out. 2019.

____. Habeas Corpus n. 91.562/PR, de 9 de outubro de 2007. Relator Ministro Joaquim Barbosa. **Diário da Justiça**, Brasília, 29 nov. 2007b. Disponível em: <https://stf.jusbrasil.com.br/jurisprudencia/14726929/habeas-corpus-hc-91562-pr>. Acesso em: 2 out. 2019.

_____. Recurso Extraordinário n. 548.181/PR, de 6 de agosto de 2013. Relatora Ministra Rosa Weber. **Diário da Justiça**, Brasília, 2013c. Disponível em: <http://redir.stf.jus.br/paginadorpub/paginador.jsp?docTP=TP&docID=7087018>. Acesso em: 2 out. 2019.

BRASIL. Súmula n. 497, de 3 de dezembro de 1969. **Diário da Justiça**, Brasília, 10 dez. 1969. Disponível em: <http://www.stf.jus.br/portal/jurisprudencia/menuSumarioSumulas.asp?sumula=2108>. Acesso em: 2 out. 2019.

_____. Súmula n. 711, de 24 de setembro de 2003. **Diário da Justiça**, Brasília, 9 out. 2003b. Disponível em: <http://www.stf.jus.br/portal/jurisprudencia/menuSumarioSumulas.asp?sumula=2551>. Acesso em: 2 out. 2019.

_____. Súmula n. 715. **Diário da Justiça**, Brasília, 13 out. 2003c. Disponível em: <http://www.stf.jus.br/portal/jurisprudencia/menuSumarioSumulas.asp?sumula=2548>. Acesso em: 2 out. 2019.

_____. Súmula Vinculante n. 26. **Diário da Justiça**, Brasília, 23 dez. 2009. Disponível em: <http://www.stf.jus.br/portal/jurisprudencia/menuSumario.asp?sumula=1271/>. Acesso em: 2 out. 2019.

CUNHA, R. S. **Manual de direito penal**: parte geral. 4. ed. Salvador: JusPodivm, 2016.

DOTTI, R. A. **Curso de direito penal**: parte geral. 3. ed. São Paulo: Revista dos Tribunais, 2010.

ESTEFAM, A.; GONÇALVES, V. E. R. **Direito penal esquematizado**: parte geral. 6. ed. São Paulo: Saraiva, 2017.

MASSON, C. **Direito penal esquematizado**: parte geral. 6. ed. Rio de Janeiro: Forense; São Paulo: Método, 2012. v. 1.

Capítulo 1

Mãos à obra
1. e
2. d

Questões para revisão
1. d
2. b
3. c
4. A Constituição Federal e o Código Penal não mencionam expressamente a aplicação do princípio da legalidade às contravenções penais, somente aos crimes. No entanto, é unânime o entendimento de que o princípio da legalidade deve ser observado com relação às contravenções penais, pois a palavra *crime* foi utilizada em sentido genérico e o princípio se refere às infrações penais em sentido amplo (crimes e contravenções).
5. Requisitos objetivos: mínima ofensividade da conduta; ausência de periculosidade social da ação; reduzido grau de reprovabilidade do comportamento; e inexpressividade da lesão jurídica provocada. Requisitos subjetivos: importância do objeto material para a vítima, ponderando-se sua condição econômica; valor sentimental do bem; e circunstâncias e resultados do crime.

Capítulo 2

Mãos à obra

1. Certo
2. e
3. b
4. a
5. e
6. c

Questões para revisão

1. a
2. b
3. b
4. A analogia é forma de integração do ordenamento jurídico. Por meio dela, o intérprete recorrerá a uma norma existente para resolver um caso semelhante que não foi previsto legalmente. Essa técnica não deve ser aplicada no direito penal quanto às normas incriminadoras, sob pena de ofender o princípio da reserva legal. No entanto, admite-se sua utilização no que diz respeito à normas não incriminadoras.
5. A teoria da atividade foi adotada pelo art. 4º, *caput*, do Código Penal: "considera-se praticado o crime no momento da ação ou omissão, ainda que outro seja o momento do resultado" (Brasil, 1940).

Capítulo 3

Mãos à obra

1. c
2. c
3. e
4. a
5. d
6. b

Questões para revisão
1. c
2. c
3. d
4. Não. Objeto material é a pessoa ou a coisa sobre a qual recai a conduta criminosa. Há alguns crimes que não têm objeto material, como os delitos de mera conduta e os crimes omissivos puros (ex.: omissão de socorro).
5. Sim. No dolo de segundo grau, ou dolo de consequências necessárias, a vontade do agente abrange os efeitos colaterais, ou seja, a consequência certa e necessária no caso da realização do resultado perseguido (ex.: quando o agente coloca uma bomba em uma aeronave para matar um dos passageiros, é certo o resultado morte dos demais passageiros para que alcance o resultado almejado).

Capítulo 4

Mãos à obra
1. d

Questões para revisão
1. b
2. c
3. b
4. Nesse caso, o réu não terá a redução em virtude do arrependimento posterior, Para que incida a redução de pena em razão do arrependimento posterior previsto no art. 16 do Código Penal, a lei exige que a reparação do dano ou a restituição da coisa aconteça até o recebimento da denúncia ou da queixa. No entanto, poderá ser beneficiado com o reconhecimento da circunstância atenuante prevista no art. 65, inciso III, alínea "b", do Código Penal.
5. Esses institutos são considerados como "ponte de ouro" do direito penal porque permitem que o agente retorne à seara da licitude, estimulando o agente a desistir de prosseguir e atingir o resultado criminoso.

Capítulo 5

Mãos à obra

1. c
2. b
3. d
4. c
5. a
6. e
7. b
8. b
9. c
10. a
11. c
12. a

Questões para revisão

1. a
2. b
3. c
4. Conforme prevê o art. 42 do Código Penal, "A detração penal é o cômputo, na pena privativa de liberdade ou na medida de segurança, do tempo cumprido, no Brasil ou no estrangeiro, em prisão provisória, administrativa, ou do tempo de internação em hospital de custódia e tratamento ou estabelecimento similar" (Brasil, 1940).
5. Remição é um benefício que proporciona o abatimento de parte da pena privativa de liberdade pelo trabalho ou pelo estudo do condenado, conforme determina o art. 126 da Lei de Execução Penal (Brasil, 1984).

Débora Veneral é doutora em Direito e tem especialização em Formação de Docentes e de Orientadores Acadêmicos em Educação a Distância; Direito Tributário; Educação Superior – Metodologia do Ensino Superior; Direito Civil e Processual Civil; e graduada em Direito (1997) pela Universidade Paranaense (Unipar/PR). Foi Coordenadora do Curso de Práticas da Advocacia Criminal do Instituto Elias Mattar Assad de Práticas Profissionais (IEMAPP). É advogada, professora universitária, consultora em unidades penais terceirizadas, instrutora de curso preparatório para o exame da OAB e instrutora de cursos da Escola de Educação em Direitos Humanos (ESEDH/PR) – Execução Penal e Estatuto Penitenciário. Atualmente, é gestora de Polo de Apoio Presencial do Centro Universitário Internacional Uninter em Joinville/SC e diretora da Escola Superior de Gestão Pública, Política, Jurídica e Segurança do Centro Universitário Internacional Uninter.

Elizete Aparecida Borges Ferreira é bacharel em Direito e especialista em Direito Administrativo e em Direito Público. Atualmente, é funcionária pública do Poder Judiciário do Estado do Paraná, oficial de Justiça atuante nas Varas Criminais do Foro Central de Curitiba/PR.

Os papéis utilizados neste livro, certificados por instituições ambientais competentes, são recicláveis, provenientes de fontes renováveis e, portanto, um meio responsável e natural de informação e conhecimento.

Impressão: Reproset
Fevereiro/2023